법화경 한글 사경 ④
(제15 종지용출품~제21 여래신력품)

김 현 준 옮김

법화경을 사경하면 제불께서 지켜주어
한량없는 공덕과 복 안정된 삶 얻게 되고
원하는 바 뜻과 같이 만족스레 성취하며
마침내는 신통력과 무생법인 증득하리

새벽숲

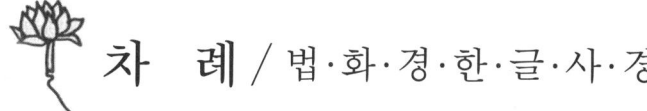
차 례 / 법·화·경·한·글·사·경

제1책
법화경 사경법	4
제1 서품	9
제2 방편품	36
제3 비유품	69

제2책
제4 신해품	7
제5 약초유품	31
제6 수기품	44
제7 화성유품	57

제3책
제8 오백제자수기품	7
제9 수학무학인기품	24
제10 법사품	33
제11 견보탑품	48
제12 제바달다품	66
제13 지품	79
제14 안락행품	88

제4책
제15 종지용출품	7
제16 여래수량품	27
제17 분별공덕품	43
제18 수희공덕품	61
제19 법사공덕품	70
제20 상불경보살품	89
제21 여래신력품	99

제5책
제22 촉루품	7
제23 약왕보살본사품	11
제24 묘음보살품	29
제25 관세음보살보문품	43
제26 다라니품	60
제27 묘장엄왕본사품	68
제28 보현보살권발품	81

법화경 사경 발원문

시방세계에 가득하신 불보살님이시여 감사합니다.

부처님 잘 모시고 법화경의 가르침을 잘 받들며 살겠습니다.(3번)

세세생생 부처님과 법화경의 가르침을 잘 받들며 살겠습니다.(3번)

법화경 사경 입재일 : 불기 25   년   월   일   사경불자 :

開法藏眞言
개법장진언
옴 아라남 아라다(3번)

南無 一乘最上法門 妙法蓮華經
나무 일승최상법문 묘법연화경(3번)

제15 종지용출품
第十五 從地踊出品

그때 다른 국토에서 온 8항하사만큼 많은 보살마하살이 대중 속에 있다가 자리에서 일어나 합장 예배하고 부처님께 아뢰었다.

"부처님이시여, 저희는 부처님께서 열반에 드신 다음, 이 사바세계에 머물면서 부지런히 법화경을 지키고 보호하고 독송하고 사경하고 공양하고자 하옵니다. 만일 허락하신다면 이 땅에서 법화경을 널리 설하겠나이다."

부처님께서 보살마하살들에게 이르셨다.

"그만두어라, 선남자야. 그대들이 이 가르침을 지키고 보호할 필요는 없다. 그 까닭이 무엇인가? 이 사바세계에는 6만 항하사만큼 많은 보살마하살들이 있고, 또 그 보살들에게는 각기 6만 항하사만큼 많은 권속들이 있나니, 그들이 내가 열반에 든 뒤 이 법화경을 지키고 보호하고 독송하고 널리 설할 것이기 때문이니라."

부처님께서 이와 같이 설하시자, 사바세계 삼천대천국토(三千大千國土)들이 다 진동하면서 열리더니, 그 속으로부터 천만억의 한량없는 보살마하살들이 동시에 솟아 올라왔다. 이 보살들의 몸은 모두 황금색이요 삼십이상을 갖추고 있었으며, 한없이 밝은 빛을 발하고 있었다. 이 보살들은 모두 사바세계 아래의 허공에 머물러 있다가 석가모니불의 음성을 듣고 솟아올라온 것이었다.

이 보살들은 대중을 이끄는 지도자로서 제각기 6만 항하사만큼 많은 권속들을 거느리고 있었다.

또 5만·4만·3만·2만·1만 항하사만큼 많

은 권속들을 거느린 보살들의 수는 더욱 많았으며, 1항하사만큼 많은 권속들이나 그것의 반 또는 사분의 일, 천만억 나유타분의 일에 이르는 권속을 거느린 보살들의 수는 더더욱 많았다. 또 천만억 나유타에 이르는 권속을 거느린 보살들이나, 억만 또는 천만·백만·일만 권속을 거느린 보살들의 수가 더 많음은 말할 필요조차 없었다. 또 일천·일백·일십 명의 권속을 거느린 보살들이나 다섯·넷·셋·둘·하나의 제자를 거느린 보살, 그리고 홀로 한적한 곳에서 수행하는 것을 즐기는 보살들의 수는 더욱 많아서, 숫자나 비유로는 다 헤아릴 수가 없었다.

　이 모든 보살들은 땅으로부터 솟아 올라와 다보여래와 석가모니불이 계신 공중 높이에 떠있는 칠보탑으로 나아갔다. 그리고는 두 분 세존의 발에 머리를 대고 예배를 드린 다음, 보배나무 아래의 사자좌에 앉아 계신 모든 부처님들의 발에 머리를 대고 예배를 드렸다. 그리고는 오른쪽으로 세 번을 돌고 합장 공경하면서, 모든 보살의 찬탄법에 맞추어 찬탄을 한 다음, 한쪽으로 물러나 기쁜 마음으로 두 분 세존을 우러러보았다.

이 모든 보살마하살들이 땅에서 올라와 보살의 찬탄법대로 부처님들을 찬탄할 때까지 50소겁(小劫)이 경과하였으나, 그동안 석가모니불은 말없이 앉아 계셨고 사부대중 또한 잠자코 있었으니, 부처님의 신통력으로 인해 50소겁이 대중들에게는 한나절과 같이 느껴졌다.

그때 사부대중들은 부처님의 신통력 덕분에 수많은 보살들이 한량없는 백천만억 국토의 허공에 가득 차 있는 것을 볼 수 있었다.

이 보살들 중에는 네 명의 지도자(導師, 도사)가 있었으니, 첫째 이름은 상행(上行)이요 둘째는 무변행(無邊行), 셋째는 정행(淨行), 넷째는 안립행(安立行)이었다. 이 네 보살은 대중들 중에서 가장 으뜸가는 지도자요 스승이었다. 네 보살은 대중들 앞으로 나와 합장하고 석가모니불을 우러러보며 문안을 드렸다.

"세존이시여, 병없고 걱정없이 안락하게 지내십니까? 제도하는 중생들이 가르침을 잘 받아들이고 있습니까? 세존을 피로하게 하지는 않습니까?"

네 명의 대보살은 거듭 게송으로 여쭈었다.

세존이여 병이 없고 근심 없이 안락하며
중생 교화 하시느라 피로하지 않습니까
중생들이 가르침을 제대로잘 이해 못해
부처님을 피로하게 만들지는 않는지요

이에 세존께서 보살들에게 이르셨다.
"이와 같고 이와 같다〔如是如是〕. 여래는 안락하고 병도 없고 근심도 없느니라. 또 중생들도 교화하기가 쉬워 피로하지 않느니라. 왜냐하면 이 중생들은 세세생생 나의 교화를 받아왔고, 과거에 많은 부처님들을 공경하고 존중하면서 갖가지 선근을 심었기 때문이니라. 이 중생들은 처음 나를 보고 내 설법을 듣고는 곧바로 여래의 지혜를 믿고 이해하였으며, 여래의 지혜를 얻는 길로 들어섰느니라. 단 일찍부터 소승만을 배운 자는 제외되지만, 이들 또한 내가 지금 법화경을 듣게하여 부처님의 지혜 속으로 들어가게 하느니라."

이때 대보살들이 게송으로 아뢰었다.

大雄
대웅이신 　세존이여 　정말훌륭 　하십니다
중생들을 　근기따라 　쉽게교화 　하시옵고
깊고깊은 　부처지혜 　능히묻고 　들은다음
믿고지녀 　행한다니 　저희들도 　기쁩니다

세존께서도 　대중의 　지도자인 　대보살들을

찬탄하였다.

"착하고 훌륭하도다, 선남자들아. 너희가 여래를 따라 능히 기쁜 마음을 일으키는구나."

이때 미륵보살(彌勒菩薩)과 8천 항하사만큼 많은 보살들 모두는 마음속으로 생각하였다.

'우리는 예로부터 지금까지 이와 같은 대보살마하살들이 땅에서 올라와 세존 앞에서 합장하고 공양하며 문안을 드리는 것을 본 적도 없었고 듣지도 못하였다.'

이때 미륵보살마하살은 8천 항하사만큼 많은 보살들의 마음속 생각을 알았으며, 아울러 자신의 의문스러웠던 바도 풀고자 부처님을 향해 합장하고 게송으로 여쭈었다.

한량없는 수천만억 보살 대중 모인 것을
아직 본적 없사오니 어디에서 오셨으며
모인 인연 무엇인지 양족존(兩足尊)은 설하소서

큰 몸에다 큰 신통과 부사의한 지혜 있고
뜻과 생각 견고하고 큰 인욕을 지녔으며
중생들이 좋아하니 어디에서 왔나이까
한분 한분 보살들이 거느리는 권속들은
그 수효가 한량없는 恒河沙數
　　　　　　　　　　항하사수 같습니다
그중 육만 항하사수 만큼 많은 대보살은
각기 육만 항하사수 대중들을 데려와서
일심으로 부처님의 위없는 도 구하고자
부처님께 공양하고 이 경 보호 하옵니다
또한 오만 항하사수 권속 지닌 보살 수는
앞의 보살 수보다도 더욱 많을 뿐 아니라
사만 삼만 이만 일만 일천 일백 에서부터
일 항하사 만큼 되는 권속 지닌 대보살들
그것의 반 삼분의 일 사분의 일 에서부터
억만분의 일 정도의 권속 지닌 대보살들
수천수만 나유타의 권속 지닌 대보살들
일만억명 제자들을 거느리는 대보살들
억명의 반 권속들을 거느리는 보살 등등

그 수효는　갈수록더　많아지고　있습니다
또한백만　일만내지　일천에서　일백명과
오십에서　십을지나　셋둘하나　거느렸고
권속없이　다니기를　즐겨하여　홀몸으로
세존앞에　나온이는　앞수보다　더많으니
이와같이　많은대중　헤아리려　하다가는
恒河沙數
항하사수　겁지나도　알아낼수　없나이다
大威德
대위덕과　정진력을　함께갖춘　이보살들
어느누가　설법하여　능히교화　하였으며
　　　　　　　　　　佛法
누구따라　발심했고　어떤불법　찬양했고
어떤경전　공부했고　어떤불도　익혔을까
신통력과　지혜가큰　이와같은　대보살들
사방의땅　갈라지며　그속에서　나왔는데
예전에는　이런일을　본적조차　없나이다
세존이여　그보살들　어디에서　오신건지
저희에게　그국토의　이름설해　주옵소서
저희들도　여러국토　두루다녀　보았으나
이런대중　본적없고　한사람도　모르오니

그들 홀연 땅속에서 솟은 인연 설하소서
지금 이 큰 모임 속의 백천만억 보살들도
한결같이 이 인연을 모두 알기 원하오니
한량없는 덕을 지닌 으뜸가는 세존이여
보살들의 옛 인연과 미래 인연 설하시어
대중 의심 명쾌하게 모두 풀어 주옵소서

   그때 한량없는 천만억 국토로부터 와서 팔방의 보배나무 아래의 사자좌에서 결가부좌를 하고 계신 석가모니의 분신불들을 모시고 있던 시자들도, 무수한 보살대중이 삼천대천세계 사방의 땅에서 솟아올라와 허공에 머물러 있는 것을 보고는, 저마다 그들이 모시고 있는 부처님께 여쭈었다.
   "세존이시여, 이 무량무변 아승지의 보살대중들은 어느 곳에서 왔나이까?"
   이에 분신불들이 시자들에게 이르셨다.
   "선남자들이여, 잠시만 기다려라. 여기 한

보살마하살이 있으니 그 이름은 미륵이요, 석가모니불께서 다음 세상에 성불하리라 수기를 주셨느니라. 그 보살이 이 일에 대해 물었으므로 석가모니불께서 곧 대답을 하실 것이요, 너희들도 자연히 들어 알게 될 것이다."

그때 세존께서 미륵보살에게 이르셨다.

"착하고 훌륭하도다, 아일다(阿逸多/미륵보살)야. 나에게 이 큰 일에 대해 잘 물었도다. 너희는 일심으로 정진의 갑옷을 입고 확고한 뜻을 발하여라. 여래는 이제 제불(諸佛)의 지혜와 제불의 자유자재한 신통력과 제불의 용맹과 위엄을 나타내어 이 일에 대해 설하고자 하노라."

세존께서는 거듭 게송으로 이르셨다.

내가 이일 설하리니　세심하게 주의하고
일심으로 집중하여　절대의심 갖지 말라
부처 지혜 생각으로　헤아릴 수 없음이니
너희 오직 믿음 내고　인욕 속에 머물지면

전에 듣지 못했던 법 이제 모두 들으리라
너희에게 내가 미리 안심하라 이르노니
털끝만한 의심이나 두려움을 품지 말라
부처 말씀 진실하고 지혜 또한 한없으며
제일법이(第一法) 깊고 깊어 분별할 수 없느니라
이제 이 일 설 하리니 일심으로 경청하라

　세존께서는 게송을 읊으신 뒤 미륵보살에게 이르셨다.
　"내 이제 대중들과 그대에게 이르노라. 아일다야, 한량없고 수없는 대보살마하살이 땅에서 솟아올라오는 것을 너희는 일찍이 보지 못했을 것이다.
　나는 이 사바세계에서 아뇩다라삼먁삼보리를 이룬 뒤에 이 모든 보살들을 교화하고 인도하여 그 마음을 조복(調伏)받고 위없는 도심(道心)을 일으키게 하였느니라.
　이 보살들은 모두 이 사바세계 아래의 허

공에 살면서 모든 경전을 읽고 외우고 통달하고, 잘 생각하고 잘 분별하여 바르게 기억하고 있느니라.

아일다야, 이 모든 선남자들은 대중들 가운데 있으면서 많이 설하기를 즐기기 보다는, 늘 고요한 곳에서 힘써 정진하기를 멈추지 않았느니라. 또 사람이나 천인들 가까이에 머물지 않고 깊은 지혜를 즐겨 닦아 언제나 걸림 없이 자재롭나니, 항상 모든 부처님의 법을 좋아하여 일심으로 정진하면서 위없는 지혜를 구하였느니라."

세존께서는 거듭 게송으로 이르셨다.

아일다야 잘 알아라 이 수많은 대보살은
무수한겁 이전부터 부처 지혜 닦았으니
모두 내가 교화하여 대도심(大道心)을 발한이다
그들 모두 내 아들로 사바세계 머물면서
두타행(頭陀行)을 즐겨 닦아 시끄러운 대중피해

고요한 곳 머물면서 설법 거의 않느니라
이와 같은 많은 아들 나의 도를 배워 익혀
밤낮없이 정진하고 부처님법 구하면서
사바세계 아래 있는 허공 중에 머무나니
뜻과 생각 견고하고 힘써 지혜 구하기에
두려운 맘 전혀 없이 묘한 법문 설하노라
또한 내가 부다가야 보리수의 아래 앉아
최정각(最正覺)을 성취하고 무상법륜(無上法輪) 굴리면서
그들 모두 교화하여 도심(道心) 불러 일으켰고
마침내는 불퇴전(不退轉)의 높은 경지 얻었기에
틀림없이 장차 모두 성불하게 되느니라
내가 말한 이 진실을 일심으로 믿을지니
이 대중들 옛날부터 내가 교화 했느니라

그때 미륵보살마하살과 무수한 보살들은 일찍이 없었던 이상한 일이므로 마음속으로 의심하고 생각하였다.

'세존께서는 어떻게 그 짧은 기간 동안 이

와 같은 무량무변 아승지 수의 보살들을 교화하시어 아뇩다라삼먁삼보리의 도에 머물게 하셨을까?'

그리고는 곧 부처님께 여쭈었다.

"세존이시여, 여래께서는 태자였을 때 석가(釋迦)족(族)의 왕궁에서 나와 가야성 근처의 도량에 앉으시어 아뇩다라삼먁삼보리를 얻으셨나이다. 그때부터 지금까지가 40여 년밖에 지나지 않았거늘, 세존께서는 어떻게 그 짧은 기간 동안 이렇게 큰 불사(佛事)를 행하셨나이까? 어떠한 부처님의 힘과 공덕으로 이 한량없는 대보살들을 교화하여 아뇩다라삼먁삼보리를 이룰 수 있게 하셨나이까?

세존이시여, 이 대보살들의 수는 어떤 이가 천만억겁 동안 셀지라도 다 셀 수가 없고, 그 끝을 알 수가 없나이다. 이 보살들은 아주 오랜 옛날부터 한량없고 가이없는 부처님들 밑에서 갖가지 선근을 심어 보살도(菩薩道)를 성취하였을 것이요, 늘 청정하게 수행했을 것이옵니다. 세존이시여, 그러므로 이 일을 세상 사람들은 믿기가 어렵나이다.

비유하자면 안색이 곱고 머리가 검고 나이 25세밖에 안 된 젊은이가 백세 노인을 가리키면서 '이 사람은 나의 아들이다'라고 한다거나, 백세 노인이 젊은이를 가리키면서 '저분은 나의 아버지요, 나를 낳아 기르셨다'고 한다면 누구도 믿기 어려울 것이니, 부처님께서 말씀하신 일 또한 이와 같나이다.

사실 세존께서 도를 얻으신 지는 오래되지 않았습니다. 그리고 이 대보살들은 이미 한량없는 천만억겁 동안 불도를 얻기 위하여 힘써 정진하였기에 한량없는 백천만억 가지 삼매(三昧)와 큰 신통을 얻었을 것이옵니다. 또 오래도록 청정한 행을 닦고 갖가지 선법(善法)을 차례로 잘 익혔기에 문답에 능할 뿐 아니라, 사람들 중의 보배요 일체 세간에서 보기 드문 이가 되었을 것이옵니다.

그런데 지금 세존께서는 '내가 불도를 얻고 난 다음에 그들을 발심시켜서 교화하고 인도하여, 아뇩다라삼먁삼보리를 향해 나아가도록 하였다'고 하셨나이다. 세존께서 성불하신 지가 오래되지 않았는데 어떻게 이와 같은 큰 공덕을 지었나이까?

저희는 부처님께서 근기에 따라 설법하는 것과 부처님의 말씀에 거짓이 없다는 것, 부처님께서 모든 것을 막힘없이 환히 아는 분이라는 것을 굳게 믿고 있나이다. 그러나 새로 발심한 신발(新發意)의 보살들은 부처님께서 열반에 드신 뒤에 이 말을 들으면 믿지 아니하여 법을 파괴하는 죄를 짓게 되지 않을까 두렵나이다.

원하옵건대 세존이시여, 부디 이 일에 대해 분명하게 설하시어 저희의 의심을 없애 주시고, 미래세의 모든 선남자들이 이 이야기를 듣고 의심을 내지 않게 하여 주시옵소서."
　미륵보살은 이 뜻을 거듭 밝히고자 게송으로 아뢰었다.

석가족의　나라에서　태어나신　부처님은
출가하여　부다가야　보리수밑　앉으시어
큰깨달음　이룬지가　오래되지　않습니다
그런데도　여기있는　불자들수　한량없고
하나같이　신통깊고　보살도를　잘익혀서
물속에핀　연꽃처럼　세간법에　물안드니
불도 오래　닦지않고　어찌이와　같으리까
　佛　道
지금많은　보살들이　땅속에서　솟아올라
공경스런　마음으로　세존앞에　있사오니
부사의한　이런일을　우리어찌　믿으리까
성불한지　얼마되지　아니하신　세존께서
이다지도　많은보살　제도했다　하오시니
대중의심　사라지게　진실설해　주옵소서
비유하면　나이이제　스물다섯　젊은이가

흰 머리에 주름 잡힌 백세 노인 가리키며
'저 사람은 내가 낳은 나의 아들 이다'하고
늙은이도 젊은이를 아버지라 말한다면
젊은아비 늙은아들 세상사람 믿으리까
세존 또한 성불한지 오래 되지 않았는데
여기 많은 보살들은 뜻이 굳고 떳떳하니
옛날부터 보살도를 행한 것이 아닐까요
힘든 문답 쉽게 하고 두려움도 없사오며
인욕심이 확고하고 위엄 덕망 갖췄기에
시방 제불 아낌없이 그들 찬탄 하옵니다
또한 설법 잘하지만 대중 속에 안 머물고
항상 선정 즐기면서 부처의 도 구하고자
사바 아래 허공 중에 머문다고 했나이다
저희들은 세존 말씀 의심하지 않사오나
미래 중생 위하시어 그 까닭을 설하소서
법화경을 의심하여 믿지 않는 사람들은
삼악도에 떨어지니 자세하게 설하소서
한량없는 보살들을 과연 어찌 교화하여

짧은세월 그사이에 발심하게 하였으며
불퇴전의 경지까지 이르도록 했나이까

제16 여래수량품
第十六 如來壽量品

 그때 부처님께서 여러 보살과 모든 대중에게 이르셨다.
 "선남자들아, 너희는 마땅히 진실을 밝히는 여래의 성실한 말을 믿고 이해해야 하느니라."
 그리고는 다시 이르셨다.
 "너희는 마땅히 진실을 밝히는 여래의 성실한 말을 믿고 이해해야 하느니라."
 그리고 또다시 이르셨다.
 "너희는 마땅히 진실을 밝히는 여래의 성실한 말을 믿고 이해해야 하느니라."
 이에 미륵보살을 선두로 한 보살 대중들은

모두 합장하고 부처님께 아뢰었다.

"세존이시여, 간절히 원하오니 설하여 주옵소서. 저희 모두는 반드시 부처님의 말씀을 믿고 받들겠나이다."

이와 같이 세 번을 아뢴 다음 또 다시 청하였다.

"간절히 원하오니 설하여 주옵소서. 저희 모두는 반드시 부처님의 말씀을 믿고 받들겠나이다."

이때 세존께서는 모든 보살이 세 번씩이나 청하고도 그치지 않는 것을 보고 이르셨다.

"너희는 여래의 비밀스러운 신통력에 대해 잘 들을지니라. 일체 세간의 천인과 인간과 아수라의 무리들은 모두 '금생에 석가모니불이 석가족의 궁궐에서 나와 가야성에서 멀지 않은 도량에 앉아 아뇩다라삼먁삼보리를 얻었다'고 말하고 있다. 그러나 선남자들아, 실로 나는 무량무변 백천만억 나유타 겁 전에 성불하였느니라.

비유하면 어떤 사람이 5백천만억 나유타 아승지에 이르는 삼천대천세계를 모두 부수어 티끌로 만든 다음, 동쪽으로 5백천만억 나유타 아승지의 국토를 지날 때마다 티끌 하나를 떨어뜨리되, 이와 같이 동쪽으로 계속 가면서 그 가루를 다 떨어뜨렸다면, 선남자들아 너희는 어떻게 생각하느냐? 그 모든 세계들의 수를 생각으로나 계산으로 알아낼 수 있겠느냐?"

미륵보살 등이 부처님께 아뢰었다.

"부처님이시여, 그 모든 세계들은 한량없고 가이없어 산수로 계산할 수가 없고, 마음의 힘으로도 알 수가 없나이다. 또 일체 성문·벽지불의 무루지(無漏智)로 생각하여도 그 수를 알 수 없으며, 불퇴전(不退轉)에 머물러 있는 저희들 역시 도저히 알 수가 없나이다. 세존이시여, 그 세계들은 무량하고 끝이 없나이다."

이에 부처님께서 대보살들에게 이르셨다.

"선남자들아, 이제 너희에게 분명히 이르노니, 티끌을 떨어뜨린 곳과 떨어뜨리지 않은 곳 모두를 합친 세계들을 다 티끌로 만들어서 그 티끌 하나를 1겁으로 친다 해도, 내가 성불한 때는 이보다 백천만억 나유타 아승지 겁이나 더 오래 되었느니라.

그때부터 나는 늘 이 사바세계에 있으면서 설법하고 교화하였으며, 또 다른 백천만억 나유타 아승지의 국토에서도 중생들을 인도하여 이롭게 하였느니라.

선남자들아, 그러는 동안 나는 연등불(燃燈佛)을 비롯한 여러 부처님에 대해 설하였고, 그 부처님들이 열반에 드시는 것도 설하였나니, 이는 모두 중생교화를 위해 방편으로 설한 것이니라.

선남자들아, 만일 어떤 중생이 나에게 찾아오면, 나는 불안(佛眼)으로 그의 신심(信心)과 근기(根機)의 날

카롭고 둔함을 관찰하여 제도해야 할 바를 따라 다양하게 설하나니, 각각의 세계에서 혹은 이름을 다르게 설하고 나이를 다르게 설하고 열반에 든다고 설하는 등, 갖가지 방편으로 미묘한 법을 설하여 중생들로 하여금 환희심을 발하게 만드느니라.

선남자들아, 작은 법을 즐기고 덕이 박하고 번뇌가 많은 중생들을 보게 되면, 여래는 그들을 위해 '나는 젊어서 출가하여 아뇩다라삼먁삼보리를 이루었다'고 설했느니라.

사실 내가 성불한 것은 아주 오래전의 일이지만, 중생들을 교화하여 불도를 깨닫게 하고자 방편으로 이와 같이 설한 것이니라.

선남자들아, 여래가 설한 경전은 모두 중생을 해탈시키기 위한 것이니, 어떤 때는 자신의 모습을 설하고 어떤 때는 다른 부처님의 모습을 설하며, 어떤 때는 자신의 모습을 보여 주고 어떤 때는 다른 부처님의 모습을 보여 주며, 어떤 때는 자신의 일을 보여 주고 어떤 때는 다른 부처님의 일을 보여주나니, 그 설한 바는 모두 진실할 뿐 헛됨이 없느니라.

그 까닭이 무엇인가? 여래는 본래의 모습이 태어남도 죽음도 아니요, 사라짐도 나타남도 아니요, 윤회도 열반도 아니요, 참됨도 헛됨도 아니요, 같은 것도 다른 것도 아닌 삼계(三界)의 모습을 있는 그대로 꿰뚫어 보기[如實知見(여실지견)] 때문이니라.

중생이 삼계를 보는 것과 여래가 삼계를 보는 것이 다르나니, 여래는 밝게 보아 그릇됨이 없느니라. 그러나 중생은 갖가지 성품[種種性(종종성)]과 갖가지 욕망[種種欲(종종욕)]과 갖가지 행위[種種行(종종행)]와 갖가지 기억과 분별[種種憶想分別(종종억상분별)]을 가지고 있느니라.

여래는 이러한 중생들에게 여러 가지 선근(善根)이 자라나도록 하기 위해 갖가지 인연과 비유와 적절한 말로 다양하게 설법하면서, 중생 교화의 불사를 하기를 잠시도 쉰 적이 없었느니라.

이와 같이 내가 성불한 지는 매우 오래 전이요, 수명이 무량 아승지겁이기에 이 세상에 항상 머물러 멸하지 않았느니라.

선남자들아, 내가 옛적에 보살도를 행하여 이룬 수명은 아직도 다하지 않았나니, 위에서 말한 수명의 두 배나 남아 있느니라. 그러므로 멸도할 까닭이 없으나 중생들을 교화하기 위한 방편으로 '장차 멸도하리라' 하는 것이니라.

그 까닭이 무엇인가? 만일 여래가 세상에 오래 머물 것이라고 말하면, 덕이 적은 사람들이 선근을 심지 않아 빈궁하고 천박하고 오욕(五欲)에 탐착하고 분별과 망상의 그물에 걸리게 되기 때문이니라. 또 여래가 이 세상에 영원히 머무는 것을 보면 곧 교만하고 방자하고 싫증내고 게을러져서, 여래를 만나기 어렵다는 생각과 여래를 공경하는 마음을 내지 않을 것이기 때문이니라.

그러므로 여래는 방편으로, '비구들아, 부처님들이 세상에 출현하심은 참으로 드문 일이다'라고 설하나니, 박덕한 사람은 무량 백천만억 겁을 지난다 해도 부처님을 겨우 만나볼 수 있거나 거의 만나볼 수 없느니라.

이러한 연고로 나는 '비구들아, 여래를 만나기가 심히 어렵다'고 설하나니, 이 말을 들은 중생은 부처님 만나기가 어렵다는 생각을 하여, 마음으로 부처를 사모하고 갈망하면서 선근을 심게 되느니라. 그러므로 여래는 실로 멸도하지 않지만 '멸도한다'고 말하는 것이니라.

선남자야, 제불여래의 법이 모두 이와 같나니, 중생을 제도하기 위한 것이요, 진실할 뿐 헛됨이 없느니라. 비유를 들리라.

⑦ 의자유醫子喩

　어떤 훌륭한 의사가 있었으니, 지혜롭고 총명하여 처방을 잘 해주고 좋은 약을 만들어 여러 가지 병을 잘 치료하였으며, 아들 또한 많아 십 명 이십 명 내지 백 명에 이르렀느니라.

　어느 날 아버지가 일이 있어 먼 타국으로 간 사이에 여러 아들들이 실수로 독약을 먹고 땅바닥에 쓰러져 몸부림치며 괴로워했느니라. 때마침 그 아버지가 집에 돌아와서 보니, 이미 본심(本心)을 잃은 아들도 있고 본심을 잃지 않은 아들도 있었으나, 아버지를 보고는 모두들 크게 기뻐하여 무릎을 꿇고 절을 하며 안부를 물었느니라.

　'편안히 다녀오셨습니까? 저희들이 어리석어 독약을 잘못 먹었으니 치료를 해 주십시오. 제발 목숨을 살려 주십시오.'

　자식들의 고통이 어떠한지를 알고 있는 아

버지는 처방에 따라 빛깔도 좋고 향도 좋고 맛도 좋은 여러 가지 약초를 구하여, 돌절구에 넣어 찧고 체로 쳐서 환을 지어 아들들에게 주며 말했느니라.

'이 약은 빛깔도 좋고 향기도 좋고 맛도 있으니 어서 먹어라. 차츰 고통이 없어지고 다시는 아프지 않을 것이다.'

그 모든 아들 중에 본심을 잃지 않은 아들들은 이 약의 빛깔과 향기가 좋은 것을 보고 곧바로 먹어 병이 다 나았으나, 본심을 잃은 아들들은 아버지가 돌아온 것을 보고 기뻐하면서 문안을 드리고 치료해 줄 것을 사정하였으면서도 약은 먹으려 들지 않았느니라. 왜냐하면 독기가 몸 속 깊이 퍼져 본심을 잃어버린 까닭에 빛깔 좋고 향기 좋은 그 약을 좋지 않게 느꼈기 때문이니라.

이에 아버지는 생각했느니라.

'이 아들들은 참으로 불쌍하구나. 나를 보

고 기뻐하며 치료해 달라고 했으면서도, 독약이 퍼져 마음이 뒤집혀서 이 좋은 약을 먹으려 하지 않다니. 내 이제 방편을 베풀어 이 약을 먹게 하리라.'

그리고는 이렇게 말했느니라.

'너희는 마땅히 알아라. 나는 이미 노쇠하여 죽을 때가 다 되었다. 이 좋은 약은 여기 놓아 둘테니 안심하고 먹어라. 꼭 낫게 될 것이다.'

이렇게 타일러 놓고 아버지는 다른 나라에 가서 아들들에게 사람을 보내어, '너희 아버지는 돌아가셨다'고 전했느니라.

이때 그 자식들은 아버지가 세상을 떠나셨다는 말을 듣고 몹시 근심을 하며 생각했느니라.

'만일 아버지께서 계신다면 우리를 불쌍히 여겨 도와주고 보호해 주시련만, 이제 우리를 버려두고 타국에서 돌아가셨으니, 외로운 우

리는 믿고 의지할 데가 없구나.'

 그리고는 늘 슬퍼하며 지내다가 돌연 본심을 되찾아, 그 약이 빛깔도 향기도 맛도 좋음을 알고 먹으니, 독약의 기운이 사라져 병이 완쾌되었으며, 아버지는 아들들의 병이 다 나았다는 소식을 듣고 다시 돌아와서, 아들들에게 자신의 살아있는 모습을 보여주었느니라.

❀

 선남자들아, 너희들의 생각은 어떠하냐? 과연 이 의사에게 거짓말을 하였다고 탓할 수 있겠느냐?"
 "아니옵니다, 세존이시여."
 부처님께서 이르셨다.
 "나 또한 이와 같아서, 부처를 이룬 지가 무량무변 백천만억 나유타 아승지 겁 전이지만, 중생을 위하는 까닭에 방편으로 '마땅히 멸도하리라' 말하나니, 이러한 나에게 '거짓말을 한 허물이 있다'고 분명하게 말할 수 있는 사람은 없느니라."
　　세존께서 거듭 게송으로 이르셨다.

　　내가 부처　이룬지를　겁의 수로　따져보면
　　한량없는　백천만억　아승지겁　넘느니라
　　그 이후로　나는 줄곧　가르침을　설하여서
　　무량 중생　교화하여　불도(佛道) 속에　들게 했고
　　중생 제도　하기 위해　방편 열반　보였지만
　　실은 멸도(滅度)　하지 않고　어느 때나　신통으로
　　늘 여기서　설법했고　이 자리에　있었노라
　　전도(顚倒)가 된　중생들은　바로 옆도　못 보기에
　　내가 멸도　했다 하면　사리에다　공양하며
　　사모하고　갈망하는　마음 다시　발하여서
　　깊은 믿음　일으키고　바른 뜻을　회복하여
　　일심으로　부처님을　뵈옵고자　발원하며
　　몸과 목숨　아끼지를　않게 되는　바로 그때
　　영축산에　모여드는　대중에게　말했노라
　　'나는 항상　여기 있어　멸도하지　않았건만

제16 여래수량품 · 39

방편으로 멸도함과 멸도않음 보였노라'
다른 나라 중생들도 법을 믿고 공경하면
내 그곳에 나타나서 위없는 법 설하건만
너희들은 이를 몰라 내 멸도만 말하노라
나는 중생 고통 속에 빠져 있음 볼지라도
즉시 모습 보이잖고 갈망하고 사모하는
마음 품게 한 다음에 나타나서 설법했다
이런 신통 발휘하며 아승지겁 오랜 세월
영축산과 여러 곳에 늘 머물러 있었노라
중생 세계 겁(劫) 다할 때 큰불 일어 타오르나
나의 땅은 안온하여 천인 인간 가득하다
동산 수풀 여러 집들 보배로써 꾸며졌고
꽃과 열매 가득하여 중생들이 즐겨 노니
여러 천인 북을 치고 악기들을 연주하며
부처님과 대중에게 만다라꽃 비 내린다
나의 청정 불국토는 훼손됨이 없건마는
중생들이 보기에는 모두가 다 타버려서
근심 걱정 두려움이 가득한 듯 보이노라

죄가 많은　이런 중생　악한 업의　인연으로
아승지겁　지나도록　삼보(三寶)이름　못 듣지만
모든 공덕　잘 닦아서　유화(柔和)하고　정직한 이
이곳에서　설법하는　나를 볼수　있느니라
그들에겐　'부처 수명　무량하다'　설하지만
부처님을　오랜만에　만나 뵙는　이들에겐
'부처님을　친히 뵙기　어렵다'고　하느니라
나의 지혜　이와 같고　광명 또한　한없으며
내 수명의　무량함은　오래 닦은　결과이다
지혜로운　너희들은　모든 의심　끊을지니
부처 말씀　진실할 뿐　헛됨 전혀　없느니라
좋은 방편　지닌 의사　미친 자식　구하고자
실은 살아　있으면서　'죽었노라'　말을 해도
거짓말을　하였다는　죄를 묻지　못하듯이
나 역시도　이 세간의　자비로운　아버지로
망상 속에　빠진 중생　고난에서　구하고자
실은 항상　머물지만　'멸도한다'　말하노라
내가 항상　있다는 것　중생들이　보게 되면

제16 여래수량품 · 41

교만함과 방자함과 게으름을 부리면서
오욕락에 깊이 빠져 삼악도로 나아간다
나는항상 저 중생들 행하는도 다 알기에
제도할 바 근기 따라 갖가지로 설법하되
어찌하면 저 중생을 무상도(無上道)에 들게 하여
속히 성불 시킬건가 항상 생각 하느니라

제17 분별공덕품
第十七 分別功德品

 그때 세존의 수명이 이와 같이 길다는 이야기를 들은 그 모임속의 무량무변 아승지 중생들은 큰 이익을 얻었다.
 세존께서 다시 미륵보살마하살에게 이르셨다.
 "아일다야, 내가 여래의 수명이 한없이 길다는 것을 설할 때 6백8십만억 나유타 항하사만큼 많은 중생들은 무생법인(無生法忍)을 얻었으며, 또 그 수의 1천 배나 되는 보살마하살은 '들은 가르침을 명심하여 잊지 않는 문지다라니(聞持陀羅尼)문(門)'을 얻었느니라. 그리고 일세계(一世界)의 티끌 수만큼 많은 보살마하살은 자유자재하게 설법하는 능력[樂說無礙辯才(요설무애변재)]을 얻었으며, 다시 일세계의 티끌 수만큼 많은 보살마하살은 '공의 도리를 깨닫는 백천만억 선다라니(旋陀羅尼)'를 얻었느니라.

또 삼천대천세계의 티끌 수만큼 많은 보살마하살은 능히 불퇴전의 법륜을 굴릴 수 있게 되었고, 2천개 중천세계(中千世界)의 티끌 수만큼 많은 보살마하살은 능히 청정한 법륜을 굴릴 수 있게 되었으며, 소천세계(小千世界)의 티끌 수만큼 많은 보살마하살은 이 세상을 일곱 번 오간 다음의 여덟 번째 생에 아뇩다라삼먁삼보리를 얻을 수 있게 되었느니라.

또 네 사천하(四天下)의 티끌 수만큼 많은 보살마하살은 이 세상을 세 번 오간 다음의 네 번째 생에 아뇩다라삼먁삼보리를 얻을 수 있게 되었고, 세 사천하의 티끌 수만큼 많은 보살마하살은 이 세상을 두 번 오간 다음의 세 번째 생에 아뇩다라삼먁삼보리를 얻을 수 있게 되었고, 두 사천하의 티끌 수만큼 많은 보살마하살은 이 세상을 한 번 오간 다음의 두 번째 생에 아뇩다라삼먁삼보리를 얻을 수 있게 되었고, 한 사천하의 티끌 수만큼 많은 보살마하살은 다음 생에 아뇩다라삼먁삼보리를 얻을 수 있게 되었으며, 일세계를 여덟 개 합한 팔세계(八世界)의 티끌 수만큼 많은 보살마하살은 아뇩다라삼먁삼보리를 얻고자 하는 마음을 일으켰느니라."

부처님께서 수많은 보살마하살이 큰 법의 이익을 얻었다고 설하실 때, 허공에서 만다라꽃과 마하만다라꽃을 비오듯이 내려, 한량없는 백천만억의 보배나무 아래 사자좌에 앉아계신 부처님들과 칠보탑 안의 사자좌에 앉아계신 석가모니불과 오래 전에 멸도하신 다보여래께 꽃비를 뿌렸으며, 대보살들과 사부대중에게도 꽃비를 뿌렸다. 그리고 전단향 가루와 침수향 가루도 비 오듯이 뿌렸다.

또 허공에서는 하늘의 북이 저절로 울려 그 깊고도 묘한 소리가 멀리까지 퍼졌으며, 천 가지나 되는 하늘 옷이 비 오듯이 내렸다. 또 진주영락·마니주영락·여의주영락 등 갖가지 영락을 탑이 있는 허공과 지상의 팔방(八方)을 합친 아홉 방위에 가득히 드리웠으며, 수많은 보배 향로에서는 값으로 따질 수 없는 귀한 향이 타올랐고, 그 향기가 대중속으로 고루 퍼지면서 공양하였다.

또 한분한분 부처님들 위에는 보살들이 깃발과 천개를 들고 차례로 줄지어 서서 범천에까지 이르렀는데, 보살들은 아름다운 음성으로 부처님들을 찬탄하는 노래를 끊임없이 불렀다.

그때 미륵보살마하살이 자리에서 일어나 오른쪽 어깨를 드러내고 부처님을 향해 합장한 채 게송으로 아뢰었다.

'세존의 힘 위대하고 수명 한량 없다'하신
이제까지 듣지 못한 부처님의 희유법과
사람따라 얻는이익 분별하여 설함 듣고
온몸에서 환희로움 넘쳐남은 물론이요
어떤 이는 불퇴전(不退轉)의 높은자리 머무르고
어떤 이는 가르침을 기억하는 능력 얻고
어떤 이는 자유자재 설법하는 변재 얻고
어떤 이는 공의 도리 아는 지혜 얻습니다
대천세계 티끌 수의 많고 많은 보살들은
불퇴전의 법륜 능히 굴릴 수가 있게 되고
중천세계 티끌 수의 많고 많은 보살들은
모두가 다 청정 법륜 굴릴 수가 있게 되며
소천세계 티끌 수의 많고 많은 보살들은
여덟 생(生)만 지나가면 성불할 수 있나이다
네 사천하(四天下) 세 사천하 두 사천하 보살들은
사생(四生) 삼생(三生) 이생(二生) 만에 각각 성불 하게 되며
한 사천하 티끌 수의 많고 많은 보살들은
한생만에 부처님의 일체 지혜 얻나이다

제17 분별공덕품 · 47

이들 모두 불(佛) 수명의 무량하심 듣고 믿어
번뇌없는 청정 과보 얻을 수가 있었으며
팔세계(八世界)의 티끌만큼 많고 많은 중생들도
부처 수명 영원함을 듣고 나서 깊이 믿고
'부처님이 되겠다'는 무상발심(無上發心) 했나이다
세존께서 한량없는 부사의 한 법 설하여
중생에게 이익 주심 허공처럼 끝없으니
하늘에선 만다라의 꽃비들이 내려오고
항하 모래 수와 같은 한량없는 제석 범천
새들처럼 다니면서 전단향과 침향으로
정성 다해 부처님께 공양하고 있나이다
허공에는 하늘 북이 묘한 소리 절로 내고
천만가지 하늘 옷이 빙빙 돌며 내려오고
많은 보배 향로마다 아주 귀한 향 피우니
향기 절로 퍼져나가 부처님께 공양하며
수도 없는 대보살들 칠보들로 잘 꾸며진
높고 묘한 억만가지 깃발들과 천개 들고
차례차례 줄을 서니 범천까지 다다르며

한분한분 제불앞의 보배로된 기둥에다
승리자의 깃발달고 천만가지 게송으로
부처님을 찬탄하니 전에없던 일입니다
부처님의 그 수명이 무량하다 말씀듣고
일체 모든 중생들이 환희하고 있사오며
부처 이름 들은중생 널리 이익 얻게 되고
일체선근 구족하여 위없는 도 익힙니다

그때 부처님께서 미륵보살마하살에게 이르셨다.

"아일다야, 어떤 중생이 여래의 수명이 이와 같이 길고 영원하다는 이야기를 듣고 한 생각만이라도 믿고 이해하게 되면 그가 얻는 공덕은 한량이 없느니라.

만일 선남자 선여인이 아뇩다라삼먁삼보리를 얻고자 般若波羅蜜(반야바라밀)을 제외한 다섯 바라밀인 檀波羅蜜(단바라밀)(보시바라밀)·尸羅波羅蜜(시라바라밀)(지계바라밀)·羼提波羅蜜(찬제바라밀)(인욕바라밀)·毗梨耶波羅蜜(비리야바라밀)(정진바라밀)·禪定波羅蜜(선정바라밀)을

80만억 나유타 겁 동안 행할지라도, 이 공덕은 앞의 공덕의 백분의 일 천분의 일 백천만억분의 일에도 못 미치나니, 숫자나 비유로는 도저히 표현할 수 없느니라.

곧 앞의 공덕을 지닌 선남자 선여인은 아뇩다라삼먁삼보리에서 물러나지 않게 되느니라."

세존께서 거듭 게송으로 이르셨다.

만일 어떤　사람있어　부처지혜　구하고자
팔십만억　나유타겁　오바라밀(五波羅蜜)　행하면서
부처님과　연각제자　여러보살　대중에게
좋은음식　좋은의복　좋은침구　제공하고
전단(栴檀)으로　절을짓고　동산숲을　꾸미는등
가지가지　미묘한것　남김없이　보시하되
많은겁을　다채운뒤　불도에로　회향하고
빈틈없이　청정하게　계율모두　지키면서
위없는도　항상구해　부처님께　칭찬받고

인욕행을 잘 닦아서 부드러움 얻었기에
나쁜일들 닥쳐와도 마음 아니 움직이고
삿된 법에 빠진 이가 교만심을 품고 와서
빈정대고 괴롭혀도 능히 참아 이겨내며
뜻과 생각 견고히 해 부지런히 정진하되
한량없는 억겁동안 일심으로 도를 닦고
셀 수 없는 오랜 겁을 고요한 곳 머물면서
앉았거나 경행할 때 항상 마음 거둬잡아
공부를 한 공덕으로 여러 선정 이루어서
팔십억만 긴 겁동안 산란 없이 머무르며
일심복(一心福)을 잘 지키고 가장 높은 도를 구해
일체 지혜 얻는 선정 이룩하게 되었다면
이 사람의 백천만억 오랜 겁에 행한 공덕
이미 앞서 설한대로 그지없이 많으니라
그렇지만 선남자나 선여인이 이 법 듣고
나의 수명 무량함을 한순간만 믿는다면
그가 받는 복의 양이 저보다 더 많으니라
조그마한 의심이나 망설이는 생각 없이

제17 분별공덕품 · 51

잠깐동안　마음깊이　믿고받아　들이는복
이와같이　한량없고　끝없음을　알지니라
한량없는　세월동안　도를닦는　보살들은
나의수명　길다는말　들어믿고　이해하여
머리위로　법화경을　받들고서　서원한다
'오는세상　장수하며　중생들을　제도하되
여기계신　석가족의　거룩하온　세존처럼
두려움이　전혀없는　사자후를　할것이요
오는세상　모든이의　깊은존경　받으면서
이도량에　머무르며　무량수명　설하리라'
마음깊이　도구하고　정직하고　청정하며
불교법문　많이듣고　본래뜻을　이해하는
이와같은　사람들은　의심품지　않느니라

"또 아일다야, 만일 어떤 이가 부처님의 수명이 아주 길다는 말을 듣고 그 뜻을 잘 이해하면, 이 사람이 얻는 공덕은 한량이 없어서 능히 여래의 위없는 지혜를 일으키게 되느니

라. 하물며 이 법화경을 듣고 사람들에게 널리 설해 주거나 스스로 받아 지니거나 남에게 받아 지니게 하거나 스스로 사경하거나 남에게 사경하게 하면서, 꽃·향·영락·깃발·천개·향유(香油)·등불을 법화경에 공양하는 이가 얻는 공덕이랴? 이 사람이 얻는 공덕은 무량무변하여 능히 일체종지(一切種智)를 갖추게 되느니라.

아일다야, 만일 선남자 선여인이 '나의 수명이 아주 길다'는 말을 듣고 마음 깊이 믿고 이해하면, 그 사람은 부처님이 늘 기사굴산(영축산)에 머물면서 대보살들과 성문들에게 둘러싸여 설법하는 모습을 볼 수 있게 되느니라.

또 이 사바세계의 땅이 유리로 되어 있어 평탄하고 반듯하며, 염부단금(閻浮檀金) 줄로 경계선을 표시한 여덟 갈래 길에는 보배나무가 즐비하고, 보배로 지은 집과 누각에 보살들이 살고 있는 모습을 보게 되리니, 만일 이러한 광경을 보게 되면 마땅히 깊이 믿고 이해한 결과

임을 알지니라.

또 여래가 열반에 든 뒤에 어떤 이가 이 법화경을 듣고 비방함 없이 수희하는 마음을 일으키면, 마땅히 알아라. 그는 깊이 믿고 이해할 수 있는 사람이니라. 하물며 이 법화경을 독송하고 수지하는 사람이야 말할 것이 있겠느냐? 이 사람은 여래를 머리 위에 모시고 있는 것과 같으니라.

아일다야, 이러한 선남자 선여인은 따로 나를 위해 탑과 절을 세우거나 승방을 짓거나 비구들에게 의복·음식·탕약·침구를 공양하지 않아도 되느니라. 왜냐하면 이 법화경을 수지독송하는 선남자 선여인은 이미 탑을 세우고 승방을 짓고 비구들을 공양한 것이 되기 때문이니라.

또 여래의 사리를 모신 크고 높은 칠보탑을 범천에까지 이르도록 높이 세우고, 갖가지 깃발과 천개와 보배 방울들을 달고, 꽃과 영락, 가루 향과 바르는 향과 사르는 향을 공양하고, 북을 치고 퉁소·피리·공후를 연주하고, 여러 종류의 춤을 추고 아름다운 음성으로 노래를 하면서 무량 천만억겁 동안 부처님을 찬탄하고 공양하는 것과 같으니라.

아일다야, 만일 내가 열반에 든 다음에 법화경을 듣고 수지하여 스스로 사경하고 남에게 사경토록 하면, 수백 수천 비구들이 거처할 수 있게 동산과 숲과 목욕하는 연못과 경행할 수 있는 길과 참선하는 굴, 의복·음식·침구·탕약 등을 모두 갖추고 붉은 전단나무로 만든 32채의 불전과 승당을 만들되, 그것 백천만억 채를 비구들과 나에게 공양하는 공덕과 같으니라.

그러므로 내가 멸도한 뒤 법화경을 수지독송하고 남에게 설하거나, 스스로 사경하고 남에게도 사경하게 하면서 경전에 공양하면, 따로 탑을 세우거나 승방을 짓거나 비구들에게 공양할 필요가 없다고 말하는 것이다.

하물며 이 법화경을 받아 지니면서 보시·지계·인욕·정진·선정·지혜의 육바라밀을 겸하여 행한다면 더 말할 것이 있겠느냐? 그 사람의 덕은 가장 높고 한량없고 끝이 없느니라.

마치 허공의 동·서·남·북과 사유(四維)와 상하가 한량없고 끝이 없는 것처럼, 이 사람의 공덕 또한 한량없고 끝이 없어 보다 빨리 일체종지에 이르게 되느니라.

만일 이 법화경을 수지독송하고 남에게 설하거나, 스스로 사경하고 남에게도 사경하게 하는 이는 능히 탑을 세우고 승방을 짓는 이가 될 것이요, 여러 성문 비구들을 공양하고 찬탄하는 이가 되느니라.

또한 백천만억 가지 찬탄하는 방법으로 보살의 공덕을 찬탄하는 이가 되고, 갖가지 인연법으로 법화경의 가르침을 뜻에 맞게 해설할 수 있게 되느니라.

또 계율을 청정하게 지키는 이가 되고, 부드럽고 온화한 이들과 함께 살며, 인욕하여 성냄이 없고, 뜻과 생각이 견고한 이가 되며, 늘 좌선하기를 귀히 여겨 갖가지 깊은 선정을 이루게 되고, 용맹정진하여 갖가지 선법(善法)을 잘 받아 지닐 수 있게 되며, 어려운 질문에 잘 대답할 수 있는 지혜로운 이가 되느니라.

아일다야, 내가 열반에 든 뒤에 선남자 선여인이 이 법화경을 수지독송하게 되면 이와 같은 훌륭한 공덕들을 갖추게 되느니라. 그들은 이미 도량으로 나아가 보리수 아래 앉아 있는 것과 같고, 아뇩다라삼먁삼보리에 가까워졌다는 것을 마땅히 알아야 하느니라.

아일다야, 이러한 선남자 선여인이 앉거나 서거나 거니는 곳이라면 그 어디에든 마땅히 탑을 세워야 할 것이요, 천인과 사람들 모두가 여래의 탑을 대하듯이 공양해야 할 것이니라."
 세존께서 거듭 게송으로 이르셨다.

만일 내가	멸도한뒤	법화경을	수지한 이
받게 되는	無量福 무량복은	앞서 설한	바와 같고
모든 공양	다 행하여	마친 것과	같으니라
사리 모셔	탑 세우되	칠보로써	장식하고
탑 꼭대기	높이 솟아	범천까지	이르는데
천만억의	寶 鈴 보령 달아	묘한 소리	내게 하고
한량없이	오랜 세월	사리탑에	공양하되
꽃과 향과	영락들과	하늘 옷을	비롯하여
아름다운	음악으로	묘한 소리	공양하고
향유 등불	두루 켜서	밝은 빛을	공양하는
모든 공덕	다 합해야	악한 말법	세상에서
법화경을	수지하는	복과 같아	지느니라
법화경을	잘 지니면	우두 전단	향나무로
서른두칸	전당 있는	승방들을	마련하여
좋은 음식	좋은 의복	좋은 침구	다 갖추고

백천대중 거처하는 꽃동산과 목욕할 곳
경행할 수 있는곳과 참선하는 선방들을
아름답게 장엄하여 현존하는 부처님께
공양하는 공덕들을 모두 얻게 되느니라
만일 믿고 이해하며 법화경을 수지하고
독송하고 사경하고 다른 이도 사경시켜
사경을 한 경전에다 꽃과 향을 뿌리거나
향기로운 기름으로 항상 밝게 불 밝히면
이 공양을 하는 이들 한량없는 공덕 얻어
끝이 없는 허공처럼 많은 복을 얻느니라
더더욱이 법화경을 일심으로 모시면서
보시 지계 인욕 정진 선정 등을 함께 닦고
성내지도 아니하고 악한 말도 않으면서
사리탑을 공경하고 비구들께 겸손하며
자만심을 멀리 떠나 지혜롭게 사유하고
난해한 것 물어와도 화를 내지 않으면서
뜻에 맞게 해설하면 그 공덕이 어떠하리
이런 행을 닦는 사람 그 공덕이 한없나니

이런 공덕 성취를한 큰 법사를 보게 되면
하늘 꽃을 뿌려주고 하늘 옷을 입혀주고
부처님을 뵈온 듯이 머리 숙여 예배하며
'머지않아 부처 이룰 도량으로 나아가서
번뇌 없고 집착 없는 무루 무위(無漏無爲) 법을 얻어
천인 인간 모두에게 큰 이익을 주시리라'
이와 같이 생각하며 그 법사가 머무르고
경행하고 앉고 눕고 법화경을 설한 곳에
탑을 세워 장식하고 갖가지로 공양하라
이 불자가 머무는 곳 부처님들 수용(受用)하니
나도 또한 그곳에서 앉고 눕고 거니노라

제18 수희공덕품
第十八 隨喜功德品

그때 미륵보살마하살이 부처님께 여쭈었다.
"세존이시여, 선남자 선여인이 이 법화경을 듣고 수희(隨喜)하면 얼마나 많은 복을 받나이까?"
그리고는 다시 게송으로 여쭈었다.

세존께서 멸도한 뒤 이 경 듣고 수희하면
그가 받게 되는 복이 얼마만큼 크옵니까

부처님께서 미륵보살에게 이르셨다.
"아일다야, 예를 들겠노라. 여래가 멸도한 다음에 비구·비구니·우바새·우바이, 지혜 있는 어른과 아이가 법화경을 듣고 수희하면서 법회장을 나와, 승방이나 한적한 곳·도시·시골·바닷가·들판 등으로 가서 자신이 들은 것을 부모·친척·스승·착한 벗·선지식 등에게 능력껏 설하였느니라. 그리고 그에게서 설법을 들은 이들도 수희하면서, 다시 다른 곳에 가서 그 가르침을 전하고, 그 가르침을 들은 이들 또한 수희하면서 다시 다른 이들에게 전하였으며, 이렇게 거듭 전하여 50번째 사람에게 이르렀느니라.

아일다야, 이 50번째 선남자 선여인의 수희 공덕에 대해 말할 것이니 잘 듣도록 하여라.

만일 4백만억 아승지 세계의 육도(六道) 중생들, 곧 난생(卵生)·태생(胎生)·습생(濕生)·화생(化生)과 형체 있는 유형(有形)중생, 형체 없는 무형(無形)중생, 의식(意識) 있는 유상(有想)중생, 의식 없는 무상(無想)중생, 의식이 있는 것도 의식이 없는 것도 아닌 비유상비무상(非有想非無想)중생, 발이 없는 중생, 두 발 가진 중생, 네 발 가진 중생, 발이 많은 중생들 모두에게 어떤 사람이 복을 구하기 위해 그들이 원하는 대로 오락기구 등을 공급하되, 그 하나하나의 중생에게 염부제(閻浮提)에 가득 찰 만큼의 금·은·유리·자거·마노·산호·호박 등 갖가지 진귀하고 묘한 보물과 코끼리·말·수레, 칠보로 지은 궁전과 누각을 80년 동안이나 계속 보시한 다음 생각하였느니라.

'나는 그들이 원하는 모든 오락기구 등을 다 보시하였다. 그러나 이 중생들의 나이가 이미 여든이 넘어 주름이 많고 백발이 되었으니 머지않아 죽게 될 것이다. 나는 이제부터 불법(佛法)으로 그들을 가르쳐 인도하리라.'

그리고는 곧 중생들을 모아 불법을 펴서 교화하고 가르치고 이익 되게 하고 기쁘게 하여, 모두에게 수다원도(須陀洹道)·사다함도(斯陀含道)·아나함도(阿那含道)·아라한도(阿羅漢道)를 일시에 얻게 하고, 온갖 번뇌를 다 끊고 선정에 깊이 들어 자재로움과 팔

解脫을 얻게 하였다면, 너희들은 어떻게 생각하느냐? 이 큰 施主시주가 받는 공덕이 많겠느냐 적겠느냐?"

미륵보살이 부처님께 아뢰었다.

"세존이시여, 이 사람의 공덕은 매우 많아서 한량없고 끝이 없나이다. 이 시주가 그 중생들에게 물질적으로 보시한 것만 하여도 공덕이 무량한데, 하물며 그들로 하여금 아라한 과까지 얻게 함이겠습니까?"

부처님께서 미륵보살에게 이르셨다.

"내 지금 너에게 분명히 말하노라. 이 사람이 갖가지 물질을 4백만억 아승지 세계에 사는 육도 중생들에게 보시하고 또 그들로 하여금 아라한과를 얻게 한 공덕은, 50번째 사람이 법화경의 한 게송을 듣고 수희한 공덕의 백천만억분의 일에도 미치지 못하나니, 그 공덕의 차이는 계산을 하거나 비유로는 결코 알 수가 없느니라.

아일다야, 이 50번째 사람이 법화경을 듣고 수희한 공덕도 끝이 없고 가이없는 아승지와 같거늘, 하물며 법회에서 최초로 법화경을 듣고 수희한 이의 공덕이랴? 그 복은 너무나 훌륭하여 도저히 비교할 수가 없느니라.

또 아일다야, 어떤 사람이 법화경을 듣고자 승방으로 나아가 앉아서든 서서든 잠깐이라도 듣고 받아 지니면, 이 인연 공덕으로 다시 태어날 때는 가장 좋고 아름다운 코끼리 또는 말이 끄는 수레나 진귀한 보배로 된 가마를 타고 천궁에 오르게 되느니라.

또 어떤 사람이 법화경을 설하는 곳에 앉아 있다가 찾아온 사람에게 앉아서 듣도록 청하거나 자기의 자리를 나누어 앉게 하면, 이 사람은 그 공덕으로 다시 태어날 때 제석천의 자리나 범천왕의 자리 또는 전륜성왕의 자리에 앉게 되느니라.

아일다야, 또 어떤 사람이 '법화경을 설하

니 함께 가서 듣자'고 권하여 그 사람으로 하여금 잠시라도 법화경을 듣게 한다면, 그 공덕으로 다음 생에 다라니를 얻은 보살들이 있는 곳에 태어나느니라. 또한 그는 근기가 예리하고 지혜로우며, 백천만번 태어나도 벙어리가 되지 않고 입에서 냄새가 나지 않으며, 혀나 입에 병이 없으며, 이는 검지도 누렇지도 성글지도 빠지지도 않고 덧니나 옥니가 없느니라.

또 입술은 아래로 처지거나 위로 말려 올라가지도 않고 거칠거나 헐지도 않으며, 갈라지거나 비뚤어지지 않고 두텁거나 크거나 검지 않은 등, 보기 싫은 모습이 일체 없느니라.

코는 납작하거나 비뚤어지지 않고, 얼굴은 검거나 좁거나 길거나 오목하지도 않는 등, 흉한 모습이 없느니라.

입술과 혀와 이가 모두 잘생기고, 코가 길고 곧고 높으며, 얼굴 모양이 원만하고, 눈썹

이 높고 길며, 이마가 반듯하고 넓은 등 훌륭한 인상을 모두 갖추게 되고, 태어날 때마다 부처님을 친견하여 법을 듣고, 그 가르침을 믿고 받아 지니게 되느니라.

아일다야, 한 사람에게 권유하여 법화경을 듣게 한 공덕도 이와 같거늘, 하물며 일심으로 듣고 설하고 독송하고, 대중들에게 분별하여 일러주고, 설한대로 수행하는 이의 공덕이랴?"

세존께서 거듭 게송으로 이르셨다.

어떤사람 법회에서 이경 듣고 수희하여
그가운데 한게송을 남을위해 설해주고
이와같이 거듭전해 오십 번째 교화 받은
그사람이 얻는복을 내가이제 설하리라
큰 시주가 팔십년을 한량없는 중생에게
그네들의 원하는것 남김없이 베풀다가
그 중생들 백발 되고 주름가득 잡힌 데다

이빨 빠져 성글었고 바싹 마른 모양 보며
그 시주는 생각했다 '죽을 날이 머잖으니
이제 그들 가르쳐서 좋은 과보 얻게 하리'
그리고는 방편으로 열반법을 설한 다음
'세상 일은 허망하기 물거품과 연기 같다
그대들은 멀리하고 싫어하는 마음 내라'
그리고는 그들에게 아라한과(阿羅漢果) 얻게 하고
육신통(六神通)과 삼명(三明) 얻고 팔해탈(八解脫)을 얻게 해도
오십 번째 그 사람이 법화경의 한 게송을
얻어 듣고 감격하여 수희할 때 얻는 복덕
앞 시주의 복덕보다 한량없이 더 많나니
그 어떠한 비유로도 표현할 수 없느니라
더더욱이 법회에서 처음 듣고 기뻐한 이
그 사람의 공덕이야 어찌 모두 말로 하랴
만일 어떤 사람이든 누군가를 이끌어서
'법화경은 미묘하여 천만억겁 지내어도
만나보기 어렵도다' 이와 같이 일러주며
잠깐 경을 듣게 하면 그의 복은 어떠할까

68

세세생생 입병없고 치아들은 단정하며
두입술은 균형잡혀 아름답고 윤기나며
혀는길고 빛깔좋고 마르거나 짧지않고
코는높고 길고곧고 이마넓고 반듯하며
얼굴전체 단정하여 보는이들 기뻐하며
입에서는 어느때나 우담바라 향기난다
또어떤이 법화경을 설법하는 절에가서
잠시라도 경을듣고 환희하면 어찌될까
다음세상 천상이나 인간세상 태어나서
아름다운 코끼리나 말이끄는 수레들과
보배가마 올라타고 천궁(天宮)으로 올라간다
법화경을 설할때에 자리안내 잘해주고
나의자리 나눠주면 이복지은 인연으로
제석범천 전륜성왕 높은자리 얻으리니
지극정성 일심으로 법화경을 들은다음
깊은뜻을 해설하고 설한대로 수행하면
그가받는 크나큰복 헤아릴수 없느니라

제19 법사공덕품
第十九 法師功德品

그때 부처님께서 상정진보살마하살(常精進菩薩摩訶薩)에게 이르셨다.

"만일 선남자 선여인이 이 법화경을 수지하여 독송하고 해설하고 사경을 하면, 이 사람은 8백가지 눈의 공덕과 1천2백가지 귀의 공덕, 8백가지 코의 공덕, 1천2백가지 혀의 공덕, 8백가지 몸의 공덕, 1천2백가지 뜻의 공덕을 얻게 되며, 이 공덕으로 장엄하기 때문에 육근(六根)이 다 청정하여 지느니라.

이 선남자 선여인은 부모에게서 받은 청정한 육안(肉眼)으로 삼천대천세계의 안과 밖에 있는 모든 산과 숲과 강과 바다를 다 보게 되느니

라. 또 아래로는 아비지옥(阿鼻地獄)에서부터 위로는 유정천(有頂天)에 이르기까지 다 보게 되고, 그 가운데 사는 모든 중생과 그들이 짓는 인(因)과 연(緣)과 업(業)과 함께 과보(果報)로 태어나는 곳도 다 보고 알게 되느니라."

세존께서 거듭 게송으로 이르셨다.

대중 앞에 두려움이 전혀 없는 마음으로
이 법화경 설할 때의 받는 공덕 어떠할까
이 사람은 팔백 가지 공덕 지닌 눈 얻나니
공덕으로 장엄함에 그 눈 매우 청정하여
부모가 준 두 눈으로 삼천세계 가운데의
미루산(彌樓山)과 수미산과 철위산을 비롯하여
다른 모든 산과 숲과 큰 바다와 강과 하천
남김없이 모두모두 볼 수 있게 될 것이요
아비지옥 에서부터 유정천에 이르도록
그 가운데 있는 중생 모든 일을 다 보나니
천안(天眼)에는 못 미치나 육안(肉眼) 능력 이 같도다

제19 법사공덕품 · 71

"상정진아, 만일 선남자 선여인이 이 법화경을 수지하여 독송하고 해설하고 사경을 하면 1천2백가지 귀의 공덕을 얻나니, 그 청정한 귀로 삼천대천세계의 아비지옥에서 유정천에 이르기까지 모든 세계 안팎의 갖가지 말과 소리를 다 듣게 되느니라.

곧 코끼리 소리·말의 소리·소의 소리·수레 소리·우는 소리·탄식 소리·나팔 소리·북 소리·종 소리·방울 소리·웃음 소리·말하는 소리·남자 소리·여자 소리·동자(童) 소리·동녀(女) 소리·바른 소리·그릇된 소리·괴로워하는 소리·즐거워하는 소리·범부의 소리·성인의 소리·기뻐하는 소리·슬퍼하는 소리·천인들의 소리·용의 소리·야차의 소리·건달바의 소리·아수라의 소리·가루라의 소리·긴나라의 소리·마후라가의 소리·불 소리·물 소리·바람 소리·지옥의 소리·축생의 소리·아귀의 소리·비구의 소리·비구니의 소리·성문의 소리·벽지불의 소리·보살의 소리·부처님의 소리를 다 듣게 되느니라.

비록 하늘귀인 천이(天耳)를 얻지는 못하였으나, 부모에게서 받은 청정한 보통 귀로 모든 소리를 다 듣고 갖가지 소리를 모두 분별하여 알 수 있으며, 그 귀는 손상이 되지 않느니라."

세존께서 거듭 게송으로 이르셨다.

부모님께　받은 귀가　깨끗하고　맑고 밝아
삼천대천(三千大千)　세계 소리　남김없이　다 듣나니
코끼리와　말과 소와　수레소리　비롯하여
종소리와　방울소리　나팔소리　북소리며
거문고와　공후(箜篌)소리　퉁소피리　소리들과
맑고 고운　노랫소리　모두 듣되　애착 않고
많고 많은　사람 소리　모두 듣고　이해한다
천인들의　말소리와　천상 음악　다 들으며
남자 소리　여자 소리　동자 소리　동녀 소리

험한 산천　계곡 속의　가릉빈가　소리하며
공명조^{共命鳥}등　모든 새의　소리들을　듣느니라
지옥 중생　고통 받고　형벌 받는　소리들과
배가 고픈　아귀들이　먹을 것을　찾는 소리
많고 많은　아수라들　바닷가에　모여 살며
서로서로　말을 할 때　울려나는　큰 소리를
법화경을　설하는 이　여기 편히　머물면서
먼 곳 소리　다 듣지만　귀의 능력　손상 없다
시방세계　새와 짐승　대화하는　소리들을
법화경을　설한 이는　여기에서　모두 듣고
범천세계　비롯하여　광음천^{光音天}과　변정천^{遍淨天}과
유정천의　말소리도　여기에서　다 듣노라
일체 모든　비구들과　많고 많은　비구니들
경전 읽고　외우거나　남을 위해　설하는 말
법사 여기　머물면서　남김없이　다 듣노라
또한 여러　보살들이　경전 읽고　외우거나
남을 위해　설법하고　깊은 뜻을　해설하는
여러 음성　남김없이　모두 얻어　잘 들으며

일체 중생　교화하는　모든 부처　대성존(大聖尊)이
갖가지 큰　법회에서　설하시는　미묘법을
법화경을　수지한 이　남김없이　다 듣노라
삼천대천　모든 세계　안과 밖의　소리들과
아비지옥　에서부터　유정천에　이르도록
그 가운데　나는 소리　빠짐없이　다 들어도
귀의 기능　손상 없이　모든 소리　분별하니
법화경을　수지하면　천이(天耳)에는　못 미치나
그 타고난　귀로서도　이런 공덕　얻느니라

"상정진아, 만일 선남자 선여인이 법화경을 수지하여 독송하고 해설하고 사경을 하면 8백가지 코의 공덕을 얻으리니, 그 청정한 코로 삼천대천세계의 위아래와 안팎의 갖가지 향기를 다 맡을 수 있게 되느니라.
　곧 수만나(須曼那)꽃 향기·사제(闍提)꽃 향기·말리(茉莉)꽃 향기·첨복(瞻蔔)꽃 향기·바라라(波羅羅)꽃 향기, 붉은 연꽃·푸른 연꽃·흰 연꽃 향기, 꽃나무와 과일나무

제19 법사공덕품 · 75

향기, 전단향·침수향·다마라발전단향(多摩羅跋栴檀香)·다가라향(多伽羅香)·천만 가지 혼합된 향·가루 향·둥근 향·바르는 향의 향기를 여기에 있으면서 다 맡고 분별할 수 있느니라.

또 갖가지 중생의 향기를 잘 분별하나니, 코끼리·말·소·양의 향기와 남자·여자·동자·동녀의 향기, 풀·나무·숲의 향기와 가까이 혹은 멀리 있는 향기들을 다 맡고 착오 없이 잘 분별하느니라.

또 이 법화경을 지니는 이는 몸은 여기에 있어도 천상의 갖가지 향기들을 맡을 수 있나니, 도리천의 바리질다라수(波利質多羅樹)와 구비다라수(拘鞞陀羅樹) 향기, 만다라꽃·마하만다라꽃·만수사꽃·마하만수사꽃의 향기, 전단향·침수향과 갖가지 가루향과 각종 꽃들의 향기, 그리고 하늘의 이와 같은 갖가지 향기가 서로 섞여 내는 향기 등 모르는 향기가 없느니라.

또 모든 천인들의 향기를 맡나니, 제석천이

훌륭한 궁전에서 오욕락을 즐길 때의 향기와
묘법당(妙法堂)에서 도리천(忉利天)의 천인들에게 설법을 할
때의 향기, 여러 동산에서 노닐 때의 향기들
을 비롯하여 남녀 천인들의 여러 향기도 다
맡고 아느니라. 그리고 차츰 위로 올라가 범
천과 유정천 천인들의 몸에서 나는 향기까지
다 맡고, 모든 천인들이 사르는 향 내음도 다
아느니라.

또 성문의 향기·벽지불의 향기·보살의 향
기·부처님들의 향기를 맡고 그들이 있는 곳
을 아느니라.

그리고 이러한 향기들을 다 맡되 착오 없
이 하나하나를 잘 분별하여 알 뿐 아니라, 다
른 사람에게 설명할 때에도 틀림이 없느니
라."

세존께서 이 뜻을 거듭 밝히고자 게송으로
이르셨다.

이 사람의 청정한 코 세계 속에 존재하는
모든 향기 다 맡고서 분별할 줄 아느니라
수만나향 사제꽃향 다마라향 전단향과
침수향과 계향(桂香) 등의 꽃과 과일 향기 맡고
중생들의 온갖 향기 남김없이 다 아나니
남자 여자 있는 곳을 향기 맡아 알아내며
대전륜왕 소전륜왕 왕자들과 여러 군신
궁인들이 있는 곳을 향기 맡아 알아내며
몸에 지닌 귀한 보배 땅에 묻힌 보물들과
전륜왕의 보녀(寶女)들을 향기 맡아 알아내며
사람들의 장신구와 입는 옷과 영락들과
향수들의 향기 맡아 그 주인을 아느니라
법화경을 지닌 이는 천인들이 앉고 걷고
유희하고 신통 부림 향기 맡아 알아내며
각종 나무 꽃과 과일 모든 기름 냄새들을
여기에서 맡고서는 그들 있는 장소 안다
깊은 산골 험한 계곡 전단나무 꽃핀 곳과
그 가운데 있는 중생 향기 맡아 알아내며

철위산과   큰 바다와   땅속 중생   사는 곳을
법화경을   지닌 이는   향기 맡아   아느니라
아수라의   남자 여자   그들 모든   권속들이
투쟁하고   장난함을   향기 맡아   알아내며
거칠고도   넓은 들판   좁고 험한   골짜기의
사자 이리 코끼리와   호랑이와   들소 물소
그 모두가 사는 곳을   향기 맡아   알아내며
뱃속에 든 어린애가   남아인가   여아인가
온전한가   아니한가   향기 맡아   알아내며
향기 맡는 이 힘으로   태아 장래 성공 여부
어머니의   순산까지   정확하게   아느니라
향기 맡는 이 힘으로   남녀들이   생각하는
탐진치심   비롯하여   착한 행실 알아내며
땅 속 깊이 감추어진   금은 등의   보물들과
동기(銅器) 속에 담긴 것을 향기 맡아 알아내며
여러 가지 영락들이   진귀한지   천한지와
나온 곳과 있는 곳을   향기 맡아 분별한다
하늘나라   많은 꽃들   만다라꽃 만수사꽃

제19 법사공덕품 · 79

바리질다　나무들도　향기 맡아　알아내고
하늘나라　여러 궁전　상중하의　차별들과
보배 꽃을　장엄한 것　향기 맡아　알아내며
하늘동산　좋은 궁전　각종 누각　법당에서
노래하고　춤추는 것　향기 맡아　알아내며
천인들이　법 듣거나　오욕락을　즐기거나
오고 가고　앉고 누움　향기로써　알아내며
천녀들이　꽃 향으로　치장을 한　옷을 입고
빙빙 돌며　노닐어도　향기 맡고　모두 안다
이와 같이　차츰 올라　범천까지　올라가서
선정 삼매　들고 나옴　향기 맡아　알아내며
광음천과　변정천과　유정천에　이르러서
그곳 중생　나고 죽음　향기 맡고　아느니라
많은 비구　대중들이　법에 맞게　정진하되
앉고 서고　경행하고　경전 읽고　외우면서
혹은 숲 속　나무 아래　용맹 정진　좌선하면
법화경을　지닌 이는　향기 맡아　알아내며
견고한 뜻　지닌 보살　좌선하고　독송하고

남을위해 설법함을 향기 맡아 알아내며
일체공경 받으면서 방방곡곡 계신 세존
중생위해 설법함도 향기 맡아 알아내며
부처님께 이경 듣고 환희하는 중생들이
여법(如法)하게 수행함도 향기 맡아 알아내니
비록무루(無漏) 법을 얻은 보살에는 못 미치나
법화경을 수지하면 이런 코를 얻느니라

"또 상정진아, 만일 선남자 선여인이 이 법화경을 수지하여 독송하고 해설하고 사경을 하면, 1천 2백가지 혀의 공덕을 얻으리니, 좋은 음식·나쁜 음식·맛있는 음식·맛없는 음식, 쓰거나 떫은 그 어떤 것도 그의 혀에 닿기만 하면 모두 천상의 감로(甘露)와 같은 훌륭한 맛으로 변하느니라.

만일 이 혀로 대중들에게 법을 설하면 깊고 묘한 소리가 나와, 듣는 이의 마음이 환희롭고 즐겁게 되느니라. 또 천자(天子)와 천녀와 제석천과 범천왕들이 와서 깊고 묘한 음성으로 조리 있게 설하는 법문을 들을 것이며, 용과 용녀·야차·야차녀·건달바·건달바녀·아수라·아수라녀·가루라·가루라녀·긴나라·긴나라녀·마후라가·마후라가녀들도 법을 듣기 위해 가까이 와서 공경하고 공양하느니라.

또 비구·비구니·우바새·우바이·국왕·왕자·신하와 그 권속들, 작은 전륜성왕과 큰 전륜성왕들도 그들의 일곱 가지 보물인 칠보(七寶)와 1천 명의 아들과 내외 권속들을 이끌고 그들의 궁전을 타고 와서 법문을 듣느니라.

이 보살은 설법을 잘하기 때문에, 바라문과 거사와 나라 안의 백성들이 목숨을 다하도록 따라다니면서 모시고 공양을 하며, 성문·벽지불·보살·부처님들도 이 사람 보기를 즐겨 하느니라.

또한 부처님들은 그가 어디에 있든 그가 있는 곳을 향해 법을 설하여 주나니, 그는 능히 일체 불법을 다 수지하게 되고, 능히 깊고 묘한 설법을 할 수 있게 되느니라."

세존께서 이 뜻을 거듭 밝히고자 게송으로 이르셨다.

이 사람의 청정한 혀 나쁜 맛을 모르나니
먹고 씹는 음식 모두 감로미(甘露味)로 변하노니
깊고 맑은 음성으로 대중 위해 설법하되
인연들과 비유로써 중생심(衆生心)을 이끄나니
듣는 이들 환희하여 좋은 공양 다 올리고
천인들과 용과 야차 아수라 등 신중들이
공경하는 마음으로 함께 와서 법 듣는다
삼천대천 세계 가득 묘한 음성 채우기를
이 법사가 발원하면 그 뜻 바로 이뤄지니
크고 작은 전륜왕과 일천 아들 권속들이
합장하고 공경하며 항상 와서 설법 듣고
여러 하늘 용과 야차 나찰이나 비사사도
항상 기쁜 마음으로 항상 즐겨 공양하며

범천왕을 비롯하여 마왕들과 자재천과
대자재천 등의 천왕 그 있는 곳 찾아오고
제불들과 제자들이 설법하는 음성 듣고
늘 지키고 생각하고 몸을 나타 내느니라

"또 상정진아, 만일 선남자 선여인이 법화경을 수지하여 독송하고 해설하고 사경을 하면, 8백가지 몸의 공덕을 얻느니라. 이 사람은 유리처럼 맑고 깨끗한 몸을 얻게 되고, 그를 보는 이는 모두가 기뻐하느니라.

그의 몸이 맑고 깨끗하므로, 삼천대천세계 중생들의 태어나고 죽는 모습과 귀하고 천하고 곱고 미운 모습, 좋은 곳에 태어나는 모습과 악도에 떨어지는 모습 등이 다 그의 몸에 나타나느니라.

또 철위산과 대철위산, 미루산과 마하미루산 등의 모든 산들과 그 가운데 사는 중생들이 다 그의 몸에 나타나고, 아비지옥에서부터 가장 높은 유정천에 이르기까지의 모든 세상과 그곳에 사는 중생들이 다 그 몸에 나타나며, 성문·벽지불·보살·부처님께서 설법하는 것이 그의 몸 가운데에 색상(色像)으로 나타나느니라."

세존께서 거듭 게송으로 이르셨다.

법화경을 　수지하면 　아주맑아 　유리 같이
청정한 몸 　지니나니 　보는이들 　기뻐한다
깨끗하고 　맑은거울 　모든형상 　되비추듯
보살들의 　맑은몸에 　모든것이 　나타나니
혼자서만 　밝게 알뿐 　다른이는 　볼 수 없다
삼천대천 　세계 속의 　일체 모든 　천인들과
인간들과 　아수라와 　지옥아귀 　축생들의
여러가지 　모습들이 　그의 몸에 　나타난다
모든 하늘 　궁전들과 　철위산과 　미루산과
큰 바다의 　모습들도 　그 몸 안에 　나타나네
제불들과 　성문들과 　참된 불자(佛子) 　보살들이

혼자거나 　대중에게 　설법하는 　모습들이
청정무루(淸淨無漏) 　법성신(法性身)을 　비록얻지 　못했지만
항상맑은 　그의몸에 　남김없이 　비치노라

"다시 상정진아, 만일 선남자 선여인이 여래가 멸도한 뒤에 법화경을 수지하여 독송하고 해설하고 사경을 하면, 1천2백가지 뜻의 공덕을 얻게 되느니라.

그는 이러한 청정한 뜻(意根)〔의근〕을 지닌 까닭에 한 게송 한 구절만 들어도 그 속에 담긴 한량없고 끝없는 뜻을 통달하게 되고, 그 뜻을 다 이해한 다음에는 그 한 구절 한 게송에 대해 한 달로부터 넉 달 내지 1년 동안 설할 수 있느니라.

또 그가 이치에 맞게 설하는 모든 법은 실상에 어긋나지 않나니, 만일 세간의 경서나 세상을 사는 법을 설할 때에도 정법(正法)과 일치하게 되느니라.

또 삼천대천세계의 육도 중생들이 마음으로 생각하는 바〔心之所行〕와 그 마음이 움직이는 바〔心所動作〕와 마음속의 희론〔心所戱論〕들을 다 아느니라.

비록 무루지혜(無漏知慧)는 얻지 못하였지만 그 뜻〔意根〕이 청정하므로, 이 사람이 사유하고 헤아리고 말하는 것이 다 불법(佛法)이요 진실 아님이 없으며, 과거 부처님들이 설하신 바와 같으니라."

세존께서 거듭 게송으로 이르셨다.

그의 뜻이 청정하고 밝고 또한 예리하니
이 미묘한 의근(意根)으로 상중하의 법을 알고
한 게송을 듣고서는 무량한 뜻 통달한 뒤
한 달 녁 달 일년 되면 조리 있게 설법한다
세상 안팎 천인들과 용과 인간 야차들과
귀신 등을 비롯하여 윤회하는 육도 중생
마음속에 지닌 생각 남김없이 모두 아니

이는바로　법화경을　지닌공덕　때문이다
백복(百福)으로　장엄하신　시방세계　부처님들
중생위해　설법하면　모두듣고　받아지녀
무량한뜻　사유하고　한량없이　설법하되
망각착오　없는것도　이경지닌　때문이다
제법(諸法)모습　모두알고　뜻따르고　차례알며
글과언어　통달하여　아는바를　잘설하니
이사람이　설하는법　과거불의　법문이요
이법문을　설하기에　두려움이　없느니라
법화경을　지닌이의　맑은뜻이　이같아서
무루법은　못얻어도　이런능력　갖추노라
법화경을　지니는이　높은경지　머물면서
기뻐하고　공경하는　일체모든　중생위해
천만가지　방편으로　좋은법문　설하나니
이것또한　법화경을　지닌공덕　때문이다

제20 상불경보살품
第二十 常不輕菩薩品

그때 부처님께서 득대세보살마하살(得大勢菩薩摩訶薩)에게 이르셨다.

"마땅히 알아라. 법화경을 지닌 비구·비구니·우바새·우바이를 욕하거나 비방할 때 받게 되는 대죄보(大罪報)는 앞서 말한 바와 같으며, 법화경을 지닐 때 방금 설한 대로 눈·귀·코·혀·몸·뜻이 다 청정해지는 공덕을 얻느니라.

득대세야, 먼 옛날 무량무변하여 생각조차 할 수 없는 아승지 겁 전에 한 부처님이 계셨으니, 이름은 위음왕여래(威音王)·응공·정변지·명행족·선서·세간해·무상사·조어장부·천인사·불세존이요, 겁의 이름은 이쇠(離衰)이며, 나라 이름은 대성(大成)이었느니라.

　위음왕불은 그 세상에서 천인들과 인간들과 아수라들을 위해 설법을 하셨나니, 성문이 되고자 하는 이에게는 사제법(四諦法)을 설하여 생로병사를 벗어난 열반에 이르게 하셨고, 벽지불이 되고자 하는 이에게는 십이인연법(十二因緣法)을 설하셨으며, 아뇩다라삼먁삼보리를 구하는 보살에게는 육바라밀법(六波羅蜜法)을 설하여 부처의 지혜에 이르도록 하였느니라.

　득대세야, 이 위음왕불의 수명은 40만억 나유타 항하사만큼 많은 겁이요, 정법(正法)은 한 염부제의 티끌 수만큼 많은 겁 동안 머물렀으며, 상법(像法)은 사천하(四天下)의 티끌 수만큼 많은 겁 동안 머물렀느니라.

　위음왕불께서 중생들을 이롭게 하시다가 멸도하시고 정법과 상법시대까지 다 지나간 다음, 이 국토에 다시 부처님이 출현하셨나니, 그 부처님의 이름 또한 위음왕여래·응공·정변지·명행족·선서·세간해·무상사·조어장부·천인사·불세존이었느니라. 이와 같이 2만억 부처님이 차례로 출현하셨는데, 그 이름이 모두 같았느니라.

첫 번째 위음왕불께서 멸도하시고 정법도 다한 뒤의 상법시대에는 증상만(增上慢)이 가득한 비구들이 큰 세력을 지니고 있었느니라. 그때 한 보살비구가 있었으니 이름이 상불경(常不輕)이었느니라.

득대세야, 어떠한 인연으로 이름을 상불경이라 하였는가? 이 보살비구는 비구·비구니·우바새·우바이 등 누구든지 보이기만 하면 그들을 향해 예배하고 찬탄하면서 이렇게 말했느니라.

'저는 그대들을 깊이 존경하며, 가벼이 여기지 않습니다. 왜냐하면 그대들 모두가 보살도를 행하여 부처님이 될 것이기 때문입니다.'

이 비구는 경전을 독송하지 않고 오로지 예배만 하였나니, 사부대중을 멀리서 보게 되면 일부러 가서 예배하고 찬탄하며 말했느니라.

　'저는 그대들을 가벼이 여기지 않습니다. 그대들은 장차 부처님이 되실 분입니다.'

　그러자 사부대중 가운데 화를 잘 내고 부정한 이들은 나쁜 말로 욕을 하고 꾸짖었느니라.

　'이 무지한 비구야. 도대체 어디에서 왔기에 우리를 가벼이 여기지 않는다 하고, 우리가 장차 부처님 된다고 수기를 하는 것이냐? 그따위 헛된 수기는 필요없다.'

　그 비구는 여러 해 이와 같은 욕을 먹으면서도 화내지 않고 한결같이 말하였느니라.

　'그대는 반드시 부처님이 될 것입니다.'

　그가 이렇게 말을 할 때 사람들이 몽둥이를 휘두르거나 돌을 던지면, 멀리 피해 달아

나면서 오히려 더 큰 소리로 외쳤느니라.

'저는 그대들을 가벼이 여기지 않습니다. 그대들은 장차 부처님이 되실 분입니다.'

그가 항상 이렇게 말하였으므로 증상만을 품은 비구·비구니·우바새·우바이들은 그를 일러 상불경(常不輕)이라 하였느니라.

이 비구가 임종을 하려 할 때, 일찍이 위음왕불께서 설하신 법화경 20천만억 게송이 허공으로부터 들려와서 모두 수지하게 되었고, 이로 인해 눈·귀·코·혀·몸·뜻이 매우 청정하여졌느니라.

그리고 청정한 육근(六根)을 얻은 뒤에 수명이 2백만억 나유타로 늘어나, 그 세월동안 다른 사람들을 위해 법화경을 널리 설했느니라.

이에 증상만을 품었던 비구·비구니·우바새·우바이들은 그가 큰 신통력과 자유자재하게 설법하는 능력과 대선정력을 얻은 것을 보고는 믿고 따랐으며, 상불경보살은 천만억 중생들을 교화하여 아뇩다라삼먁삼보리에 이르게 하였느니라.

그는 목숨을 마친 다음 일월등명(日月燈明)이라는 이름의 2만억 부처님들을 만났으며, 그 부처님들 법 가운데에서 법화경을 설하였느니라.

그리고 이 인연으로 다시 운자재등왕(雲自在燈王)이라는 이름의 2천억 부처님들을 만났으며, 그 부처님들 법 가운데에서 이 법화경을 수지독송하고 사부대중에게 설하여 눈·귀·코·혀·몸·뜻이 완전히 청정하여졌나니, 이후 사부대중에게 두려움 없이 설법할 수 있게 되었느니라.

득대세야, 상불경보살마하살은 이와 같이 많은 부처님들을 공양하고 공경하고 존중하고 찬탄하면서 갖가지 선근을 심었고, 그 뒤에도 다시 천만억 부처님들을 만나 그 부처님들 법 가운데에서 법화경을 설하여 공덕을 성취하고 부처님이 되셨느니라.

득대세야, 네 생각은 어떠하냐? 그 상불경보살이 네가 모르는 다른 사람처럼 여겨지느냐? 그는 바로 지금의 나이니라.

내가 만일 과거세에 법화경을 수지독송하지도 남을 위해 설하지 않았다면 아뇩다라삼먁삼보리를 빨리 얻지 못하였을 것이나, 과거세의 부처님들 밑에서 법화경을 수지독송하고 남을 위해 설하였기 때문에 아뇩다라삼먁삼보리를 빨리 얻을 수 있었느니라.

득대세야, 그때 화를 내면서 나를 업신여겼던 비구·비구니·우바새·우바이들은 2백억 겁 동안이나 부처님들을 만나지도 법을 듣지도, 승려들을 보지도 못하였느니라. 그리고 천겁 동안 아비지옥에서 큰 고통을 받았으며, 죗값을 다 치른 다음 다시 상불경보살을 만나 아뇩다라삼먁삼보리의 법을 배우게 되었느니라.

득대세야, 네 생각은 어떠하냐? 그때 그 보

살을 늘 업신여겼던 사부대중이 다른 사람처럼 여겨지느냐?

지금 이 자리에 있는 발타바라(跋陀婆羅) 등의 5백 보살과 사자월(師子月) 등의 5백 비구니, 사불(思弗) 등의 5백 우바새가 바로 그들이니, 이제는 모두가 아뇩다라삼먁삼보리에서 물러나지 않게 되었느니라.

득대세야, 마땅히 알아라. 법화경은 보살마하살들을 크게 이롭게 하고 아뇩다라삼먁삼보리에 이르게 하는 경이니라. 그러므로 모든 보살마하살들은 여래가 멸도한 뒤에 늘 이 경전을 받아 수지독송하고 해설하고 사경을 해야 하느니라."

세존께서 거듭 게송으로 이르셨다.

아주 오랜 과거세에　위음왕불(威音王佛) 계셨으니
신통 지혜 한량없어　모든 중생 인도하고
천인들과 용신들이　함께 공양 하였노라

위음왕불　멸도하고　　정법기간　지났을 때
그 이름이　상불경인^{常不輕}　보살 한 분　계셨도다
그 당시의　사부대중　그릇된 법　집착하자
자비 보살　상불경은　그들에게　찾아가서
'저는 그대　가벼웁게　여기지를　않습니다
그대 도를　잘 닦으면　부처님이　되옵니다'
이 말 들은　여러 대중　비방하고　욕을 해도
자비 보살　상불경은　참고 받아　주었노라
숙세 죗값　모두 받고　임종할 때　이르러서
법화경을　문득 듣고　육근 청정　이루었고
신통력을　얻었으며　수명 매우　길어졌다
그는 다시　중생 위해　법화경을　설했나니
그른 법에　집착한 이　그의 교화　힘입어서
위가 없는　불도^{佛道} 속에　머무르게　되었도다
상불경은　임종 뒤에　많은 부처　만났으며
법화경을　설했기에　한량없는　복을 얻고
공덕 점차　갖추어서　빨리 성불　하였노라
바로 그때　상불경이　지금 여기　있는 나요

그릇된 법 집착했던 비구등의 사부대중
장차 성불 하리라는 상불경의 말 듣고서
공부를 한 인연으로 무량 부처 친히 뵈니
내 앞에서 법을 듣는 오백 보살 비롯하여
이 자리의 사부대중 그 당시의 그들이다
나는 과거 세상에서 이들 모든 대중에게
제일 가는 이 경전을 듣고 믿게 함으로써
열반길을 열어주고 열반으로 인도했고
세세생생 법화경을 지니도록 하였도다
무수억겁 지나가도 그 사람들 틀림없이
법화경을 얻어듣고 수지하게 되느니라
그리고 또 무수억만 부사의한 겁 뒤에도
제불 세존 어느 때나 법화경을 설하시니
부처님의 열반 뒤에 도를 닦는 이들이여
법화경을 듣고 나서 절대 의혹 품지 말고
한결같은 마음으로 이경 널리 설하여라
세세생생 부처 뵙고 빨리 성불 하느니라

제21 여래신력품
第二十一 如來神力品

 그때 땅에서 솟아올라온 천세계(千世界)의 티끌수와 같이 많은 보살마하살들이 일심으로 합장하고 부처님의 거룩한 얼굴을 우러러보며 아뢰었다.

 "세존이시여, 저희도 부처님께서 멸도하신 뒤에, 세존의 분신불(分身佛)들이 계시다가 멸도하신 곳으로 가서 이 법화경을 널리 설하겠나이다. 왜냐하면 저희 또한 이 진실하고도 청정한 큰 법을 얻어서 수지독송하고 해설하고 사경하고 공양하고자 하기 때문이옵니다."

 그때 세존께서 예전부터 사바세계에 머물고 있던 문수사리 등의 무량 백천만억 보살마하살과 비구·비구니·우바새·우바이와 천·용·야차·건달바·아수라·가루라·긴나라·마후라가·인비인(人非人) 등의 모든 대중들 앞에서 큰 신통력을 나타내셨으니, 넓고 긴 혀를 내미시어 범천에까지 이르게 하고, 모든 털구멍에서 무수한 색과 무량한 광명을 발하여 시방세계를 두루 비추셨다. 그러자 수많은 보배 나무 아래의 사자좌에 앉아계시던 분신불들 또한 넓고 긴 혀를 내보이시고 무량한 광명을 발하셨다.

석가모니불과 보배 나무 아래의 분신불들은 백천년 동안 신통력을 나타낸 다음 넓고 긴 혀를 거두어 들이셨다. 그리고는 함께 큰 소리로 기침을 하고 손가락을 튕기니, 이 두 가지 소리가 시방의 부처님들 세계에까지 두루 미쳤고, 땅들은 여섯 가지로 진동하였다.

그 부처님들세계에 있는 천·용·야차·건달바·아수라·가루라·긴나라·마후라가·인비인

등은 부처님의 신통력에 힘입어, 이 사바세계의 무량무변 백천만억 보배 나무 아래의 사자좌에 앉아 계신 부처님들을 모두 볼 수 있었다.

또 석가모니불과 다보여래가 보탑(寶塔) 안의 사자좌에 함께 앉아 계신 모습도 볼 수 있었으며, 무량무변 백천만억 보살마하살들과 사부대중이 석가모니불을 둘러싸고 공경하는 모습도 볼 수 있었다. 그들은 이러한 모습을 보고 일찍이 보지 못한 것이라며 크게 환희하였다.

그때 천인들이 허공에서 큰 소리로 말하였다.

"무량무변 백천만억 아승지 세계를 지나가면 한 국토가 있으니 이름이 사바세계(娑婆世界)요, 그곳에 부처님이 계시니 이름이 석가모니입니다. 지금 보살마하살들을 위해 대승경전을 설하시니, 경의 이름은 묘법연화(妙法蓮華)로 보살을 가르치는 법이요 부처님들께서 보호하고 살피는 경입니다. 그대들은 마땅히 깊은 마음으로 수희(隨喜)해야 할 것이요, 또한 석가모니불께 예배하고 공양해야 합니다."

모든 불국토의 중생들은 허공에서 나는 이 소리를 듣고, 사바세계를 향하여 합장하고 염불을 하였다.

"나무석가모니불 나무석가모니불…"

그리고는 갖가지 꽃과 향과 영락과 깃발과 천개와 여러 장신구와 진귀한 보물과 훌륭한 물건들을 멀리 있는 사바세계를 향해 뿌렸다. 그러자 그 갖가지 공양물들이 시방세계로부터 마치 구름이 모이듯이 몰려와서 큰 보배장막으로 변하여 사바세계에 계신 부처님들 위를 두루 덮었으며, 시방세계는 마치 하나의 불국토처럼 막힘없이 다 통하게 되었다.

그때 부처님께서 상행보살(上行菩薩)을 비롯한 보살 대중들에게 이르셨다.

"부처님들의 신통력은 이와 같이 한량없고 가이없고 불가사의하다. 그러나 내가 이러한 신통력으로, 법화경의 유통을 부촉(附囑)하기 위해 무량무변 백천만억 아승지겁 동안 이 경전의 공덕을 설할지라도 결코 다 설할 수 없느니라. 그러므로 중요한 것만 말하리라.

요컨대 여래가 지닌 모든 법과 여래의 모든 자재신통력(自在神通力)과 여래의 모든 비밀과 여래의 깊고 깊은 모든 일들을, 이 법화경에 잘 나타내어 보이고 설하였느니라. 그러므로 너희는 여래가 멸도한 뒤에 일심으로 법화경을 수지독송하고 해설하고 사경하면서, 경에 설한대로 수행해야 하느니라.

만일 너희가 있는 국토에서 어떤 이가 법화경을 수지독송하고 해설하고 사경하면서 경에 설한대로 수행하는 이가 있거나 법화경이 놓여 있는 곳이 있으면, 그곳이 동산이든 숲속이든 나무 밑이든 승방이든 속인의 집이든 전당이든 산골짜기든 광야든, 그 어디든지 마땅히 탑을 세우고 공양할지니라. 왜냐하면 그곳이 곧 제불께서 아뇩다라삼먁삼보리를 얻은 도량이요, 법륜을 굴린 도량이요, 열반에 드신 도량이기 때문이니라."

세존께서 거듭 게송으로 이르셨다.

신통으로　이 세상을　구제하는　부처님들
중생들의　기쁨 위해　무량신통　보였나니
범천까지　혀가 닿고　무수한 빛　발했도다
구도(求道)하는　이를 위해　이런 기적　나타낸 뒤
모든 부처　기침하고　손가락을　튕겼나니
그 소리가　시방세계　불국토로　퍼지면서
그 세계의　모든 땅이　육종(六種)으로　진동했다
이는 부처　멸도한 뒤　법화경을　수지함을
제불들이　기뻐하여　신통 나타　낸 것이다
부족하는　법화경을　수지하는　그 사람은
무량한 겁　찬미해도　부족하고　모자라니

그 사람이 얻는 공덕 끝이 없고 한없음이
마치 시방 허공 끝을 알 수 없는 것과 같다
법화경을 지닌 이는 나의 몸을 보게 되고
다보불과 분신불들 남김없이 보게 되며
오늘 내가 교화를 한 보살들도 보게 된다
법화경을 지닌 이는 나와 나의 분신들과
멸도하신 다보불을 환희롭게 하는 이요
시방세계 현재불과 과거 미래 부처님들
친히 뵙고 공양하여 환희롭게 하는 이니
제불들이 도량에서 얻고 이룬 비밀법을
법화경을 지닌 이는 머지않아 얻느니라
법화경을 지닌 이는 모든 법의 깊은 뜻과
이름들과 이야기를 무궁무진 잘 설하니
허공 중의 바람처럼 일체 장애 없느니라
여래께서 멸도한 뒤 부처님이 설한 경의
인연들과 차례 알아 뜻에 맞게 설법하되
해와 달의 밝은 광명 모든 어둠 걷어내듯
세간 속에 있으면서 중생 어둠 없애주고

무량보살 가르쳐서 일승법을 얻게 하네
그러므로 지혜인은 이 공덕과 이익 듣고
내 멸도한 다음에도 법화경을 수지하니
이 사람의 성불함을 어찌 의심 하겠는가

영험 크고 성취 빠른 각종 사경집 (책 크기 4×6배판)

※ 정성껏 사경하면 큰 가피가 저절로 찾아들고, 업장참회는 물론이요 쉽게 소원을 성취할 수 있습니다. 각 책마다 사경의 방법을 자세하게 설명해 놓았습니다.

광명진언 사경 가로·세로쓰기 (1책으로 1080번 사경) 128쪽 5,000원
모든 불보살님의 총주總呪인 광명진언을 사경하면 그 가피력은 이루 다 말할 수 없을 정도입니다. 하루 108번씩 100일 동안 사경을 행하면 우리에게 크나큰 성취를 안겨주고 심중의 소원이 잘 이루어집니다.

금강경 한글사경 (1책 3번 사경) 144쪽 6,000원
금강경 한문사경 (1책 3번 사경) 144쪽 6,000원
금강경 한문한글사경 (1책 1번 사경) 100쪽 4,000원
요긴하고 으뜸된 경전인 금강경을 사경해 보십시오. 업장소멸과 함께 크나큰 깨달음과 좋은 일들이 저절로 다가옵니다.

반야심경 한글사경 (1책 50번 사경) 116쪽 5,000원
반야심경 한문사경 (1책 50번 사경) 116쪽 5,000원
반야심경을 사경하면 호법신장이 '나'를 지켜주고 공의 도리를 깨달아 평화롭고 안정된 삶이 함께합니다.

법화경 한글사경 (전5책) 권당 5,000원 총 25,000원
법화경을 사경하면 부처님과 대우주법계의 한량없는 가피가 저절로 찾아들어 소원성취·영가천도는 물론이요 깨달음과 경제적인 풍요까지 안겨줍니다.

아미타경 한글사경 (1책 7번 사경) 116쪽 5,000원
살아 생전에 아미타경을 사경하거나, 부모님을 비롯한 가까운 분이 돌아가셨을 때 이 경을 쓰면 극락왕생이 참으로 가까워집니다.

약사경 한글사경 (1책 3번 사경) 112쪽 4,000원
약사경을 사경하면 약사여래의 가피가 저절로 찾아들어, 병환의 쾌차, 집안 평안, 업장소멸을 비롯한 갖가지 소원을 쉽게 성취할 수 있습니다.

관음경 한글사경 (1책 5번 사경) 112쪽 5,000원
관음경을 사경하면 가피가 한량이 없고 늘 행복이 함께 합니다. 학업성취·건강쾌유·자녀의 성공·경제문제 등에도 영험이 매우 큽니다.

천수경 한글사경 (1책 7번 사경) 112쪽 5,000원
천수경을 사경하고 독송하면 천수관음의 가피가 저절로 찾아들어, 업장 및 고난의 소멸과 갖가지 소원을 쉽게 성취할 수 있습니다.

신묘장구대다라니 사경 (1책 50번 사경) 5,000원
대다라니를 사경하면 관세음보살님과 호법신장들이 '나'와 주위를 지켜주고 소원성취와 동시에, 행복하고 자비심 가득한 마음을 가질 수 있도록 해줍니다.

지장경 한글사경 (1책 1번 사경) 144쪽 6,000원
지장경을 사경하고 영가천도는 물론이요, 각종 장애가 저절로 사라지고 심중의 소원이 성취됩니다. 백일 또는 49일 동안의 사경기도를 감히 권해 봅니다.

보현행원품 한글사경 (1책 3번 사경) 120쪽 5,000원
행원품을 사경하면 자리이타의 삶과 업장 참회, 신통·지혜·복덕·자비 등을 빨리 이룰 수 있고 세세생생 불법과 함께 하며 보살도를 성취할 수 있습니다.

화엄경약찬게 사경 (1책 12번 사경) 112쪽 5,000원
화엄경약찬게를 쓰면 화엄경 한 편을 읽는 것과 같은 공덕이 생긴다고 하였습니다. 약찬게를 써 보십시오. 수많은 가피가 함께 찾아듭니다.

부모은중경 사경 (1책 3번 사경) 112쪽 5,000원
부처님께서는 부모님의 은혜를 새기면서 이 경을 쓰게 되면 그 어떤 행보다 큰 공덕이 생겨난다고 하였습니다. 정성 들여 사경하면 뜻하는 바가 이루어집니다.

천지팔양신주경 사경 (1책 3번 사경) 112쪽 5,000원
옛부터 건축·결혼·출산·사업·죽음 등 평생의 삶 중에서 중요한 때마다 읽고 쓰면 크게 길하고 이롭고 장수하고 복덕을 갖추게 된다고 전해지고 있습니다.

아미타불 명호사경 (1책으로 5,400번 사경) 160쪽 6,000원
'나무아미타불'과 '아미타불'을 오회염불법에 따라 외우고 쓰는 특별한 명호사경집입니다. 집중력을 더하여, 심중 소원 성취에 큰 도움을 줍니다.

보왕삼매론 사경 (1책으로 27번 사경) 120쪽 5,000원
삶의 문제들을 지혜롭게 해결하는 방법을 제시한 보왕삼매론을 사경하면 생활 속의 걸림돌이 디딤돌로 바뀌고 고난이 사라져 편안하고 행복해집니다.

관세음보살 명호사경 (1책으로 5천4백번 사경) 108쪽 5,000원
지장보살 명호사경 (1책으로 5천번 사경) 108쪽 5,000원
'관세음보살'이나 '지장보살'의 명호를 쓰면서 입으로 외우고 마음에 새기면, 관세음보살님과 지장보살님의 가피를 입어 몸과 마음이 큰 변화를 이루고, 마음속의 원을 능히 성취할 수 있습니다.

한글 큰활자본 기도 독송용 경전 (책 크기 4×6배판)

법화경 / 김현준 역
4×6배판 (양장본) 1책 520쪽 25,000원 / (무선제본) 전3책 550쪽 22,000원

불교 최고 경전인 법화경을 독송하면 소원성취는 물론 깨달음과 경제적인 풍요까지 안겨줍니다.

법화경을 독송하고 사경하면 부처님과 대우주법계의 한량없는 가피가 저절로 찾아들어 업장소멸은 물론이요 갖가지 소원을 두루 성취할 수 있습니다. 특히 밝은 지혜를 얻고 크게 향상하게 되며 경제적인 풍요와 사업의 번창, 시험의 합격 및 승진이 쉬워지고 가족 모두가 평온하고 복된 삶을 누리며, 병환·재난·가난 등 현실의 괴로움이 소멸되고 부모 친척 등의 영가가 잘 천도되며 구하는 바가 뜻과 같이 이루어집니다.

지장경 / 김현준 편역
4×6배판 208쪽 8,000원

지장기도를 하는 분들을 위해 ① 지장경을 처음부터 끝까지 1번 독송 ② '나무지장보살'을 천번염송 ③ 지장보살예찬문을 외우며 158배, ④ '지장보살'천번 염송의 4부로 나누어 만들었습니다. 각 장 앞에 제시된 기도법에 따라 기도를 하면, 지장보살의 가피 속에서 영가천도·업장소멸·소원성취·향상된 삶을 이룩할 수 있게 됩니다.

금강경 / 우룡스님 역   112쪽 5,000원

책 크기만큼 글씨도 크게 하고 한자 원문도 수록하였으며, 독송에 관한 법문도 첨부하였습니다. 사찰 및 가정에서의 독송용으로 매우 좋습니다.

유마경 / 김현준 역   296쪽 12,000원

보살의 병은 어디서 오는가? 불도란 어떤 것인가? 깨달음의 세계로 들어가는 불이법문, 등등 매우 소중한 가르침들을 가득 담고 있습니다.

승만경 / 김현준 편역   144쪽 6,000원

여인의 성불 수기와 함께 승만부인의 서원, 정법·번뇌·법신·일승·사성제·자성청정심·여래장사상 등을 분명히 밝힌 주옥같은 경전.(한글 한문 대조본)

원각경 / 김현준 편역   192쪽 8,000원

한국불교 근본 경전 중 하나로, 중생이 부처가 되려면 어떻게 해야하는지를 12보살과의 문답을 통해 설한 경전으로 쉽게 번역 하였습니다. (한글 한문 대조본)

밀린다왕문경 / 김현준 편역 신국판 204쪽 7,000원

그리스 왕인 밀린다와 불교 승려인 나가세나가 인생과 불교에 대해 대론한 것을 정리한 경전으로 신심을 크게 불러일으킵니다.

자비도량참법 / 김현준 역   양장본 528쪽 25,000원

나의 죄업 참회에서 시작하여 부모 친척 등 온 법계 중생의 업장과 무명까지 모두 소멸시켜주며, 자비가 충만하여지고 환희심이 넘쳐나게 됩니다.

천지팔양신주경 / 김현준 편역   96쪽 4,000원

결혼·출산·사업·죽음 등 중요한 때마다 독송을 하면 크게 길하고 이롭고 복덕을 갖추게 된다고 합니다.

무량수경 / 김현준 역   176쪽 7,000원

아미타불은 어떠한 분이며, 극락의 장엄과 멋과 행복, 극락에 왕생하려면 이 현생에서 어떠한 삶을 살아야 하는가를 자세하게 묘사하고 있습니다.

아미타경 / 김현준 편역   92쪽 4,000원

아주 큰 활자 번역본으로 독송하기에 아주 좋으며, '나무아미타불' 염불 방법을 함께 실었습니다.

관무량수경 / 김현준 편역   112쪽 5,000원

이 경전에 설한 16관법의 내용과 그림을 음미하다 보면, 현세의 복된 삶과 극락왕생이 성큼 다가섭니다.

미륵삼부경 / 김현준 편역   160쪽 7,000원

미륵신앙의 근본경전인 미륵상생경·미륵하생경·미륵성불경을 함께 엮었습니다.

약사경 / 김현준 편역   100쪽 4,000원

한글 번역본으로, 독경 방법 및 약사염불법도 함께 실어 기도에 도움이 되도록 하였습니다.

관음경 / 우룡스님 역   96쪽 4,000원

관음경의 원문과 독송법, 관음 염불 방법 등을 수록하여 관음경의 가르침을 쉽게 이해하도록 하였습니다.

보현행원품 / 김현준 편역   112쪽 5,000원

보현행원품과 예불대참회문을 함께 실어 독경 후 보현108배대참회를 할 수 있도록 엮었습니다.

육조단경(덕이본德異本) / 김현준 역 208쪽 8,000원

혜능대사께서 설한 선종의 근본 경전으로, 인간의 참된 본성을 보게 하여 깨달음을 열어줍니다. 계속 정독하면 영성이 깨어나고 대자유인이 될 수 있습니다.

아름다운 우리말 경전 (책 크기 휴대용 국반판)

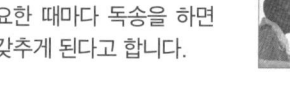

·금강경	명쾌한 금강경 풀이와 함께 금강경의 근본 가르침을 함께 수록한 책	우룡스님 역	100쪽	2,500원
·아미타경	한글 번역과 함께 독송하는 방법과 아미타불 염불법에 대해 설한 책	김현준 역	100쪽	2,500원
·약사경	한글 번역과 함께 약사기도법과 약사염불법에 대해 자세히 설한 책	김현준 편역	100쪽	2,500원
·관음경	관음경의 번역과 함께 관음기도와 관음염불법에 대해 자세히 설한 책	우룡스님 역	100쪽	2,500원
·지장경	편안하고 쉬운 번역과 함께 지장기도법을 간략히 설한 책	김현준 역	196쪽	4,000원
·부모은중경	부모님의 은혜를 느끼며 기도를 할 수 있게 엮은 책	김현준 역	100쪽	2,500원
·보현행원품	보현보살의 십대원을 중심으로 설하여 참된 보살의 길로 이끌어주는 책	김현준 편역	100쪽	2,500원
·초발심자경문	신심을 굳건히 하고 수행에 대한 마음을 불러일으키게끔 하는 책	일타스님 역	100쪽	2,500원
·법요집	법회와 수행 시에 필요한 각종 의식문, 좋은 몇 편의 글들을 수록한 책	불교신행연구원 편	100쪽	2,500원

기도 및 영가천도 법보시용으로 좋은 책

광명진언 기도법 / 일타스님·김현준   6,000원
광명진언 속에 새겨진 참의미와 바른 기도법, 빠른 기도성취법 등을 자상하게 설하고, 유형별 기도성취 영험담을 다양하게 수록하였습니다.   (180쪽)

생활 속의 기도법 / 일타스님   6,000원
여러 가지 상황에 따른 구체적인 기도방법에서부터 기도할 때 지녀야 할 마음가짐까지, 자상한 문체로 예화를 섞어 쉽고 재미있게 엮었습니다.   (160쪽)

기 도祈禱 / 일타스님   9,000원
총 6장 52편의 다양한 기도성취 영험담으로 엮어진 이 책을 읽다보면 올바른 기도법과 기도성취의 지름길을 알 수 있게 됩니다.   (240쪽)

기도 성취의 지름길 / 우룡스님   5,000원
가족을 향한 참회와 3배 기도의 큰 영험에 대해, 그리고 믿음·정성과 함께 기도의 고비를 잘 넘길 것을 설한 감동적인 기도법문집.   (4X6판 160쪽)

기도 이야기 / 우룡스님   7,000원
총 6장 45편의 다양한 이야기와 이야기 끝에 붙인 스님의 해설을 읽고 기도하면 감응의 길이 열리면서 심중소원을 성취하게 됩니다.   (204쪽)

불교의 자녀사랑 기도법 / 김현준   6,000원
부처님의 가르침에 의지하여 정립한 이 책의 내용에 따라 자녀를 사랑하고 기도하면 자녀들이 뜻하는 바 소원을 성취하고 행복과 평화를 누릴 수 있습니다.   (240쪽)

화엄경약찬게 풀이 / 김현준   8,000원
화엄경약찬게는 매우 난해하지만 이 풀이를 본 다음에 읽으면 명확하게 파악할 수 있고 화엄경의 내용까지 꿰뚫어, 대화엄의 세계에서 노닐 수 있게 됩니다.   (216쪽)

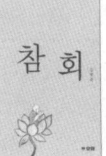
참 회 / 김현준   4×6판 160쪽 5,500원
불교의 참회는 잘못을 뉘우치고 용서를 받는 차원을 넘어 영원한 자유와 행복을 얻는 깨달음을 목표로 하고 있습니다. 참회의 끝은 해탈입니다. 대해탈입니다. 이제 이 책 속으로 들어가 참회의 방법과 해답을 찾고 참회를 통하여 평안을 얻고 향상의 길로 나아갑시다.

신묘장구대다라니기도법 우룡스님·김현준
신묘장구대다라니의 가피와 공덕, 다라니의 뜻풀이, 자세하게 설명한 기도의 방법과 주의할 점, 14편의 영험담을 함께 수록하였습니다.   (208쪽 7,000원)

영가천도 / 우룡스님   6,000원
영가천도의 필요성과 기본자세, 염불·독경·사경을 통한 영가천도, 49재 등 영가천도에 관한 여러 궁금증을 스님의 자세한 법문으로 풀어드립니다.   (160쪽)

기도성취 백팔문답 / 김현준   9,000원
기도와 믿음·업장소멸의 방법·꾸준한 기도의 효험·원을 세우는 법·축원법·기도가피와 기도성취의 시기 등을 문답식으로 풀이하였습니다.   (240쪽)

윤회와 인과응보 이야기 / 일타스님 9,000원
"인간은 과연 윤회하는 존재인가? 내가 지은 업은 어떻게 전개되는가?" 49가지 이야기로 엮은 이 책을 읽다보면 그 해답을 명확하게 얻을 수 있습니다.   (242쪽)

참회와 사랑의 기도법 / 김현준   7,000원
문답을 통해 참회의 정의에서부터 참회기도를 해야 하는 까닭, 가족을 향한 참회법 등에 대해 아주 상세히 설하고 있습니다.   (192쪽)

⊙불교 3대신앙의 진면모와 그 기도법을 쉽게 설명한
미타신앙·미타기도법 / 김현준   신국판 160쪽 6,000원
관음신앙·관음기도법 / 김현준   신국판 240쪽 9,000원
지장신앙·지장기도법 / 김현준   신국판 190쪽 7,000원

참회·참회기도법 / 김현준   신국판 160쪽 6,000원
병환과 기도 / 일타스님·김현준   4×6판 100쪽 3,500원

● 부처님오신날 법보시용으로 좋은 휴대용 불서 ●

행복과 성공을 위한 도담 / 경봉스님	4×6판	100쪽	3,500원
일상기도와 특별기도 / 일타스님	4×6판	100쪽	3,500원
불교예절입문 / 일타스님	4×6판	100쪽	3,500원
행복을 여는 감로법문 / 일타스님	4×6판	100쪽	3,500원
불자의 삶과 공부 / 우룡스님	4×6판	100쪽	3,500원
불성 발현의 길 / 우룡스님	4×6판	100쪽	3,500원
광명진언 기도법 / 일타스님·김현준	4×6판	100쪽	3,500원
보왕삼매론 풀이 / 김현준	4×6판	100쪽	3,500원
바느질하는 부처님 / 김현준 엮음	4×6판	100쪽	3,500원

〈가지고 다니면서 틈틈이 읽게 되면 신행생활과 기도에 큰 도움이 됩니다〉

선가귀감   서산대사 저 김현준 역
(한글 한문 대조본) 4×6배판 136쪽 6,000원
휴대용 4×6판 160쪽 5,500원
선禪에 대한 다양한 가르침을 중심에 두고 참회·염불·계율·육바라밀·도인의 삶 등을 간절하게 설하여 불자들의 신심과 정진에 큰 도움을 주는 소중한 책입니다.

다량의 법보시는 할인혜택을 드립니다.
전화 02-587-6612, 582-6612 팩스 02-586-9078

편역자 김현준 金鉉埈

 동국대학교 대학원에서 불교학을 전공하고, 한국학중앙연구원에서 한국불교를 연구하였으며, 우리문화연구원 원장과 성보문화재연구원 원장을 역임하였다. 현재 불교신행연구원 원장, 월간 「법공양」 발행인 겸 편집인, 효림출판사와 새벽숲출판사의 주필 및 고문으로 활동하고 있다.
 저서로는 『사찰, 그 속에 깃든 의미』·『생활 속의 반야심경』·『생활 속의 천수경』·『생활 속의 보왕삼매론』·『예불문, 그 속에 깃든 의미』·『육바라밀』·『사성제와 팔정도』·『삼법인·중도』·『인연법』·『사섭법』·『광명진언 기도법』·『신묘장구대다라니 기도법』·『참회·참회기도법』·『불교의 자녀사랑 기도법』·『기도성취 백팔문답』·『참회와 사랑의 기도법』·『미타신앙·미타기도법』·『관음신앙·관음기도법』·『지장신앙·지장기도법』·『석가 우리들의 부처님』·『참 생명을 찾는 경봉스님 가르침』·『선수행의 길잡이』·『아! 일타큰스님』·『바보가 되거라』 등이 있다.
 『자비도량참법』·『약사경』·『지장경』·『육조단경』·『보현행원품』·『부모은중경』을 한글로 번역하였으며, 〈원효의 참회사상〉 등 다수의 논문이 있다.

법화경 한글 사경 4 (무선제본)

초 판 1쇄 펴낸날 2015년 5월 15일
      18쇄 펴낸날 2025년 8월 13일

옮긴이 김현준
펴낸이 김연수

펴낸곳 새벽숲
등록일 2009년 12월 28일 (제321-2009-000242호)
주 소 서울특별시 서초구 반포대로14길 30, 907호 (서초동, 센츄리I)
전 화 02-582-6612, 587-6612
팩 스 02-586-9078
이메일 hyorim@nate.com

값 5,000원

ⓒ 새벽숲 2015
ISBN 978-89-969626-7-0 04220
      978-89-969626-3-2 04220 (세트)

새벽숲은 효림출판사의 자매회사입니다 (새벽숲은 曉林의 한글풀이).
잘못 만들어진 책은 바꾸어 드립니다.
이 책은 저작권법에 따라 보호를 받는 저작물이므로 무단전재와 무단복제를 금지합니다.